I0066070

Índice

Mercadeo en las Redes Sociales: una Guía Estratégica

Conozca el mejor enfoque y estrategias de publicidad digital para impulsar su agencia o negocio con el poder de Facebook, Instagram, YouTube, Google SEO y más

Por Leonardo Gómez

Secretos Explosivos de Marketing en Redes Sociales

Una guía completa de publicidad digital: estrategias de Facebook, Google SEO y Youtube. Aprende los secretos más importantes de la publicidad de Instagram. Esta poderosa herramienta transformará la forma en que haces negocios

Por Leonardo Gómez

"Secretos Explosivos de Marketing en Redes Sociales: Una guía completa de publicidad digital – estrategias de Facebook, Google SEO y Youtube. Aprende los secretos más importantes de la publicidad de Instagram. Esta poderosa herramienta transformará la forma en que haces negocios." "Por Leonardo Gómez".

"Secretos Explosivos de Marketing en Redes Sociales" es un conjunto de libros "Mercadeo en las Redes Sociales: una Guía Estratégica", y "Dominio del marketing de Instagram".

¡Espero que lo disfrutes!

Introducción

Felicitaciones por descargar *Mercadeo en las Redes Sociales: una Guía Estratégica* y gracias por hacerlo.

Los siguientes capítulos analizarán todo lo que necesitas saber para finalmente poner en marcha tu plan sobre las redes sociales. Hay muy pocas empresas que tendrán éxito en nuestro mundo empresarial moderno si no tienen una buena planificación de mercadeo que incluya algunas redes sociales. Tus clientes están en línea y te están buscando allí. Si no estás presente en los lugares correctos en los momentos correctos (y esto incluye las redes sociales), entonces tus clientes encontrarán a alguien que sí lo esté.

Esta guía invertirá un tiempo revisando los pasos que debes seguir para trabajar con las redes sociales y obtener los mejores resultados en el proceso. Exploraremos por qué las redes sociales son tan importantes, antes de sumergirnos en todas las diferentes redes sociales que existen, ¡y cómo usar cada una para tu propio beneficio!

En el interior de este libro, exploraremos técnicas de publicidades orgánicas y pagadas, así como

"Secretos Explosivos de Marketing en Redes Sociales: Una guía completa de publicidad digital – estrategias de Facebook, Google SEO y Youtube. Aprende los secretos más importantes de la publicidad de Instagram. Esta poderosa herramienta transformará la forma en que haces negocios." "Por Leonardo Gómez".

"Secretos Explosivos de Marketing en Redes Sociales" es un conjunto de libros "Mercadeo en las Redes Sociales: una Guía Estratégica", y "Dominio del marketing de Instagram".

¡Espero que lo disfrutes!

Secretos Explosivos de Marketing en Redes Sociales

Una guía completa de publicidad digital: estrategias de Facebook, Google SEO y Youtube. Aprende los secretos más importantes de la publicidad de Instagram. Esta poderosa herramienta transformará la forma en que haces negocios

Por Leonardo Gómez

también quien las debe utilizar, todos los principales sitios de redes sociales como Facebook, Instagram, Google, Twitter, YouTube, LinkedIn y más. Si bien es posible que tu campaña de mercadeo no incluya todo esto, todo el tiempo, conociendo cómo funcionan y quién se beneficiará más de ellos, hará una gran diferencia en la forma como respondes a cada uno de y los resultados que podrás obtener en el proceso.

En estos momentos, la campaña de mercadeo está completa sin usar algunas redes sociales y muchas empresas eligen tener dos o tres redes sociales con los que pasan el tiempo. Existen muchas cosas que puedes hacer en estos sitios y muchas otras maneras en las que puedes interactuar y conectarte con tus clientes, que lo podrás hacer como nunca lo has hecho antes. Cuando estés listo para comenzar a aumentar tu propia presencia en las redes sociales, estés listo para exhibir realmente tus productos y ver crecer tus ventas y tu negocio, asegúrate de consultar esta guía para aprender cómo comenzar.

Hay muchos libros sobre este tema en el mercado, ¡gracias de nuevo por elegir este! Se hizo todo lo posible para garantizar que esté lleno de tanta información útil como sea posible, ¡por favor disfrútalo!

Capítulo 1: La importancia de las redes sociales

Como empresa, es importante echar un vistazo a todas las diferentes opciones que tienes disponibles cuando se trata de publicidad y hacer llegar tu mensaje. No todas las vías disponibles funcionarán para tus necesidades específicas. Si bien hay muchas opciones, algunas funcionarán mejor para las empresas locales, algunas funcionarán mejor para compañías más grandes y otras funcionarán mejor por una variedad de razones diferentes. Conocer tu propio público objetivo al que irán tus estrategias de mercadeo y tener una buena idea sobre a quién te gustaría llegar, realmente puede garantizar que no malgastes tu dinero de mercadeo en campañas que no funcionan para tus necesidades.

Una vía que quizás desees explorar cuando se trata de tu campaña de mercado son las redes sociales. Las redes sociales se están apoderando del mundo y no importa qué tipo de producto vendas, es probable que puedas encontrar una buena parte de tus clientes en una plataforma de redes sociales u otra. Dado que hay tantas opciones para elegir (y muchas de ellas son muy asequibles para anunciar y comercializar), vale la pena echarles un vistazo.

Hay muchos beneficios diferentes que se obtendrán de agregar al menos una pequeña asignación de tu presupuesto al mercadeo en las redes sociales. Podrás llegar a más clientes, puedes aumentar la lealtad hacia tu marca y puedes llegar hasta donde están realmente tus clientes. Algunos de los otros beneficios que vas a disfrutar cuando comiences con tu propia campaña de redes sociales incluye:

Mayor reconocimiento de la marca

Todas las oportunidades de poder publicitar el contenido de tu marca e incrementar tu visibilidad ante el público serán valiosas. Tus redes sociales, en las que eliges enfocarse un poco, simplemente serán nuevos canales para mostrar el contenido y la voz de tu marca. Esto es importante porque hará que tú seas más fácil y más accesible para los clientes, al mismo tiempo que te hará más reconocible y familiar para los consumidores que ya tienes. Ambas cosas harán maravillas para ayudar a que tu negocio crezca hasta nuevas alturas.

Por ejemplo, tal vez tengas un usuario que sea muy activo y pase mucho tiempo en Twitter y se entere de tu empresa cuando se tope con ella en una red social, donde se ven las actualizaciones de los contactos y de las páginas que seguimos (Newsfeed). Un cliente que puede ser considerado apático, podría familiarizarse más con tu marca cuando comience a verla en varias redes, en lugar de ocasionalmente solo en una.

Más lealtad a la marca

Según un informe publicado recientemente por la Universidad Tecnológica de Texas, las marcas que dedican tiempo a participar en sus diversos canales de redes sociales disfrutarán de una mayor lealtad de sus clientes. Esto significa que, si puedes hacerlo, debes aprovechar todas las diferentes herramientas que te brindarán las redes sociales cuando sea el momento de conectarte con tu audiencia.

Puedes llegar a descubrir que tener un tipo de plan de redes sociales abierto y estratégico podría ser muy importante cuando se trata de transformar a los consumidores, para que sean leales a tu marca. Si descubres que en estos momentos te encuentras luchando para que las personas, no solo prueben tu marca y tus productos, sino que realmente se queden contigo por un largo período, entonces es hora de comenzar una estrategia de redes sociales (si no tienes una) y mejorar una si ya tienes una estrategia establecida.

Más oportunidades para convencer a tus consumidores

Cada vez que realices una publicación en las redes sociales, tendrás la oportunidad de convencer a algunos de tus clientes. Cuando comienzas a desarrollar lo que necesitas en las redes sociales, inmediatamente obtienes acceso a algunos clientes nuevos, algunos clientes antiguos y algunos clientes recientes. Estas publicaciones te permiten interactuar con todos ellos. Cada imagen, video, publicación de blog o comentario que compartes te da otra oportunidad para que alguien reaccione. Y cada una de estas reacciones podría llevar a alguien a visitar tu sitio y tal vez incluso llevarlos a ellos a realizar una compra.

Ahora, esto no significa que todas y cada una de las interacciones que ocurran con tu marca van a ser una conversión. Pero, cada vez que ocurre una interacción positiva, esto significa que la probabilidad de que tener un intercambio o una conversión eventual va a aumentar. Incluso si observas que la tasa de personas que hacen "click" en tus redes es muy baja, la gran cantidad de posibilidades de reunirse con clientes, pasados, presentes o futuros, será mayor que en cualquier otro lugar.

Mayor tráfico

Sin la ayuda de las redes sociales, la cantidad de tráfico entrante de clientes que tú vas a llevar a tu negocio se limitará solamente a aquellos que estén familiarizados con la marca a través de otras fuentes y a las personas que estén buscando las palabras claves en las que tú invertiste el tiempo clasificando. Cada cuenta de redes sociales a la que puedas agregar tu marca se traducirá en un nuevo camino que conduzca a tu sitio web y, del mismo modo, cada contenido que agregues a tu perfil de redes sociales significará que éste te dará otra oportunidad para que un nuevo visitante venga a ver tu sitio web.

Por supuesto, necesitas tomar algunas precauciones con esto. El hecho de que tengas un sitio de redes sociales no significa que obtendrás automáticamente los nuevos clientes que deseas. Debes estar dispuesto y ser capaz de publicar contenido de manera regular, mantener una alta calidad, coherencia en el contenido y debes interactuar de la manera correcta con tus clientes. Si puedes reunir todas estas cosas en tu perfil de redes sociales, significa que realmente podrás ver algunos excelentes resultados con la cantidad de tráfico que comience a dirigirse a tu sitio web.

Menores costos de comercialización

Una de las cosas que más te va a encantar del mercadeo a través de las redes sociales es que puede ser realmente eficiente, al mismo tiempo que disminuye la cantidad de dinero que pagas para comercializar tu marca y tus productos. Según Hubspot, el 84 por ciento de los vendedores descubrieron que solamente necesitaban invertir seis horas por semana, en sus cuentas de redes sociales, para ver una mayor cantidad de tráfico.

Cuando piensas en el panorama global y cuánto gastas en otras vías de comercialización que has podido escoger, seis horas no es mucho. Puedes pasar solamente una hora al día haciendo esto, ideando una estrategia, desarrollando el contenido y luego comenzarías a ver algunos de los resultados que vienen como consecuencia de tus esfuerzos.

Incluso cuando te estas concentrando más en publicidad paga con Facebook y Twitter, tus costos se mantendrán bastante bajos. Ambos serán de bajo costo, y puedes tener mucho control sobre cuánto gastas en ellos en función de tus propios objetivos. Por ejemplo, muchos especialistas en mercadeo comienzan poco a poco para ver cómo van las cosas y de esta manera pueden tener una idea de la cantidad de trabajo. Después de eso, comienzan a construir su plataforma dependiendo de cómo se desarrolló la prueba inicial.

Mejores clasificaciones en un motor de búsqueda

Como muchas empresas ya saben, La Optimización del Motor de Búsqueda (SEO por sus siglas en inglés "Search Engine Optimization") será una de las mejores formas de capturar el tipo de tráfico que quieres de los motores de búsqueda. El problema es que los requisitos necesarios para garantizar el éxito con el SEO siempre están cambiando. Para una empresa, ya no es suficiente actualizar su blog, garantizar la optimización de sus títulos de etiquetas o realizar descripciones fabulosas de sus productos.

En su lugar, debes revisar todo profundamente y también agregar muchas otras cosas. Pero la buena noticia es que puedes trabajar con cuentas de redes sociales y ayudar a aumentar tu clasificación. Estar activo en tu cuenta de redes sociales, asegurarte de interactuar con los demás y producir contenido de alta calidad, a menudo, será una excelente manera de aumentar realmente tu presencia en línea y obtener el tráfico que deseas a través del SEO.

Mejores conocimientos sobre sus clientes

Y, finalmente, el último beneficio del que vamos a hablar es que, cuando se trata de redes sociales, éstas te ayudarán a obtener información realmente valiosa sobre tus clientes, entre otras cosas, cómo se comportan y en qué están más interesados. Por ejemplo, es posible que revises todos los comentarios para descubrir la forma en que otros piensan y hablan sobre tu negocio.

Según la información que puedas reunir sobre tus clientes a través de estos sitios de redes sociales, puedes segmentarlos basado en el tema y ver qué tipo de contenidos parecen atraer más interés, y luego querrás producir más de ese contenido a lo largo del tiempo. Puedes medir las conversiones que ocurren en función de los diferentes tipos de promociones que has intentado y, eventualmente, encontrará la combinación perfecta para ayudarte a generar los ingresos que deseas.

Como puedes ver, hay muchas razones por las que muchas empresas quieren trabajar con las redes sociales. Comenzar con este tipo de campañas no te va a costar mucho dinero, así como también te ayudará a llegar mejor a sus clientes en el momento y donde se encuentren. Cuando verdaderamente puedas trabajar para idear una buena estrategia de redes sociales, podrás ver realmente el crecimiento que deseas en tu negocio y en tus ventas.

Capítulo 2: ¿Qué plataforma de redes sociales es la mejor?

La primera pregunta que debes hacerte es: ¿Cuál de las plataformas de redes sociales será la mejor para tus necesidades de mercadeo? Puedes mirarlas y pensar que todas son increíbles y que debes dedicarles tiempo a todas y cada una de ellas. Si bien todas tienen muchos clientes, muchas cosas que las hacen únicas y que las harán destacar entre la multitud, recuerda que no necesitas anunciarte en todas ellas. Tus clientes no se encontrarán en cada una de las redes, dispuestos a difundirte. Esto puede ser muy difícil.

Entonces, ¿cómo se supone que debes saber cuáles son las mejores redes sociales para ti? Este capítulo te va a ayudar con esto al proporcionar una breve descripción de algunos de los sitios de redes sociales más comunes con los cuales puedes trabajar, cómo funcionan y con qué tipo de empresas trabajarán mejor. Aquí encontrarás que, para la mayoría de los clientes, trabajar con dos o quizás tres de estas opciones será suficiente. Esto te ayudará a usar tu dinero y tiempo de manera eficiente mientras sigues llegando a la mayor cantidad de clientes posibles. Algunos de los mejores sitios de redes sociales a ser considerados incluirán:

Facebook

Para muchas personas, Facebook es el sitio de redes sociales número uno a utilizar para ayudarlos a comercializar con sus potenciales clientes y a ganar más ventas. Facebook es considerado el rey cuando se trata de trabajar en línea y con miles de millones de usuarios activos, que pasan varias horas al día en línea, este es definitivamente un lugar donde también encontrarás muchos de tus potenciales clientes.

Si bien no todas las empresas concentrarán sus esfuerzos completamente en Facebook, especialmente si tienen un mercado especializado que pudiera estar presente en otro sitio de redes sociales, sigue siendo un gran lugar donde deberías pasar al menos un poco de tu tiempo. Te encuentras mucha gente en Facebook, muchas opciones de publicidad y muchas otras cosas más.

Entraremos en cómo comercializar en Facebook un poco más adelante, pero descubrirás que es una excelente opción para ayudarte a ganar una buena cantidad de clientes. También puedes utilizar la publicidad orgánica y la publicidad paga tradicional basado en la forma como quieras llegar a tus clientes. Facebook es un lugar donde puedes encontrar incluso a clientes de algún mercado específico, lo que lo convierte en la opción perfecta para ayudarte, sin importar cuán grande o pequeña sea tu audiencia en ese momento.

Facebook es una gran opción, porque hay muchas cosas con las que puedes trabajar. Hay una gran audiencia y muchas compañías han podido aumentar su presencia allí simplemente con un enfoque orgánico. Esto significa que su presupuesto de mercadeo era bajo, fuera de la persona o equipo que contrataron para mantener el sitio de redes sociales en funcionamiento.

Si ya tienes una buena presencia en línea y tu negocio ha crecido, Facebook será un lugar fácil para comenzar. Muchos de tus clientes ya están allí, están interesados en aprender sobre ti y algunos ya pueden buscarte en línea, lo que hace que aumentar tu alcance sea más fácil de lo que puedas imaginar. Aun así, debes estar presente, asegurarte de responder a ellos, publicar contenido valioso y ser coherente; pero aumentar tus seguidores será una tarea fácil.

Sin embargo, para aquellas compañías que no son grandes o conocidas, las que están comenzando recientemente por ellas mismas y sin mucha presencia en las redes sociales, todavía tienen mucho espacio para crecer cuando se trata de Facebook. Tanto a través del enfoque orgánico como el de la publicidad paga, podrás llegar a los clientes que desees en poco tiempo. Y dado que Facebook es una red tan grande y creciente, con clientes en todo el mundo, seguramente podrás encontrar los clientes adecuados para tus necesidades, sin importar cómo decidas dividir el mercado a quien va dirigido tu producto.

Instagram

Instagram es el mundo de las fotos y las imágenes. La mayoría de lo que verás cuando trabajes en este sitio de redes sociales es una gran cantidad de fotos de empresas y personas de todo el mundo. De hecho, si bien puedes agregar algunos textos y palabras publicitarias a las imágenes, primero se le presentará la imagen a la persona y luego tendrá que revisar todo y hacer "click" en la imagen para ver más.

Si tu negocio realmente puede beneficiarse del uso de imágenes o fotos para exhibir su trabajo o su producto, entonces realmente necesitas trabajar con Instagram tanto como sea posible. Las imágenes son la regla cuando se trata de este sitio de redes sociales. Cuanto mayor sea la calidad y cuanto más creativo puedas hacer esas imágenes, más harás que tus clientes potenciales se sientan atraídos a lo que estás haciendo y lo que tienes disponible para la venta.

Además de trabajar con las mejores imágenes posibles, también tienes la opción del uso de "hashtags" y otras pequeñas incorporaciones para que tus clientes potenciales puedan encontrarte más fácilmente. Con una publicación convincente, un buen enlace en tu biografía (Instagram no te permite agregar los enlaces a las imágenes individuales), trabajar línea con relaciones o personas adecuadas y los hashtags correctos para que los clientes potenciales puedan encontrarte, ya tienes la receta del éxito en Instagram.

Instagram funcionará mejor para ti si vas a confiar en muchas fotos o imágenes para vender tu producto o servicio. De hecho, es posible tener muchos seguidores que ni siquiera mirarán las palabras que publiques en tu sitio. Serán atraídos por las buenas imágenes. Luego, cuando finalmente ven algo que les gusta, pueden sentirse atraídos a presionar el enlace hacia tu sitio web y echarle un vistazo.

Esto no significa que no debas dedicar algo de tiempo en las palabras a ser incluidas en la publicidad que vas a agregar. El hashtag será muy importante para asegurarte de que los nuevos y actuales seguidores, así como tus clientes puedan encontrarte cuando necesiten hacerlo. Tener una publicación buena y convincente, con las etiquetas correctas, te va a ayudar mucho. Pero lo más importante, en donde debes enfocarte cuando inviertas el dinero de tu presupuesto de mercadeo en Instagram, son las imágenes y los videos que decidas publicar.

Google

Google es un gran sitio de redes sociales en el que puedes trabajar cuando necesites hacer crecer tu SEO y ayudar a que más personas te encuentren a través de consultas en motores de búsqueda o cualquier otra búsqueda. Hay muchas ocasiones en las que tus clientes potenciales te encontrarán en línea. Pondrán algún tipo de palabras clave en su búsqueda en línea y luego, si coincide con ella, esto lo llevará a tu sitio web, lo que te ayudará a obtener una buena venta.

Cuanto mejor sea tu campaña y trabajo de SEO, más clientes obtendrás en tu sitio web. Y cuanto más puedas atraer a la gente al sitio web, más ventas potenciales podrás obtener. El SEO es importante para todo tipo de negocios, pero si confías mucho en el tráfico en tu sitio web u otro sitio web como un blog, entonces el marketing en redes sociales de Google será la opción con la que querrás invertir tu tiempo.

Muchas empresas serán capaces de ver beneficios cuando se trata de trabajar en su SEO, por lo que agregar un poco de esto a tu trabajo hará una gran diferencia. Incluso si solamente diriges una pequeña parte de tu presupuesto hacia esto, te dará muy buenos resultados, que se pueden mejorar aún más cuando también estés trabajando con algunos de los otros sitios de redes sociales.

Como verás, a medida que revisamos esta guía, en realidad hay muchas cosas diferentes que puedes hacer cuando se trata de trabajar con Google. Obtendrás el beneficio de diferentes características: ayuda en el motor de búsqueda, SEO y otros beneficios más. Utilizar todo esto no tiene que ser

costoso y es por eso que trabajar con Google te ayudará a obtener un buen retorno de tu inversión.

Twitter

Twitter es un sitio de redes sociales único que también puedes elegir utilizar. Muchas empresas están desconectadas de esta red porque tiene un límite de caracteres, lo que puede hacer que sea más difícil transmitir tu mensaje. Pero esto no se hace porque Twitter quiere hacerte la vida más difícil o no le importa lo difícil que esto te haga las cosas a ti. Se hace porque quieren fomentar más conversaciones, relaciones e interacciones, en lugar de dejar que las personas realicen publicaciones realmente largas y aburridas.

Es complicado acceder a Twitter y hacer una buena publicación, pero si tu investigación te ha demostrado que aquí es donde se encuentran tus clientes, entonces este es un buen lugar para comenzar. Twitter te permitirá concentrarte en enviar un mensaje claro y conciso, así como proporcionar a tus clientes algo de valor, en lugar de simplemente divagar.

Recuerda que esto es más una conversación que simplemente un monólogo unidireccional con la otra persona. Si puedes compartir enlaces e imágenes interesantes (y más con tus clientes), hablar, conversar con ellos, preguntarles, responderles, realmente concentrarte en las palabras claves que quieras utilizar cuando trabajes con Twitter, entonces te será más fácil sobresalir de la multitud y al mismo tiempo, obtener los resultados que deseas.

YouTube

YouTube es una excelente opción, especialmente si el tuyo es un negocio creativo y realmente quieres mostrar algunas de tus habilidades de una manera más visual. A muchas empresas, que ofrecen opciones más orientadas al servicio, les va a gustar esto porque les da la oportunidad de mostrar su experiencia en el tema, ya que realmente no tienen fotos de sus productos a vender. Esto no significa que YouTube no pueda funcionar para muchas empresas diferentes. Demasiadas veces, una empresa se perderá todas las grandes cosas que pueden hacer en YouTube simplemente porque no creen que no sea para ellos, o piensan que será muy difícil trabajar con esta aplicación.

YouTube es un gran lugar para adelantarse a la competencia y realmente mostrar lo que puedes hacer. Hay muchas opciones con YouTube que serán geniales y mostrar tu negocio a través de videos y otros gráficos puede ser algo realmente diferente, especialmente si puedes hacerlo de una manera diferente y creativa.

Cuando ingresas a YouTube, debes tomarte un tiempo y pensar realmente lo que te gustaría hacer. No es suficiente decidir simplemente que quieres crear un video. Hay millones de videos subidos a YouTube y demasiadas horas dedicadas a observar el contenido que se encuentra allí. Esto puede ser algo bueno porque te permite encontrar realmente a los clientes con los que deseas trabajar, pero también significa que debes poder sobresalir e impresionar a las personas que están allí.

Si haces un video aburrido y no logras que los clientes lo sigan mirando después de los primeros minutos o inclusive menos, entonces vas a encontrar algunos problemas. Nadie lo verá, no obtendrás más conversiones ni tráfico en tu sitio y tus ventas se mantendrán estancadas. Por supuesto, puedes encontrar que lo contrario también es cierto si, con el tiempo, puedes trabajar en algunos videos de muy alta calidad. Cuanto más únicos, creativos y de alta calidad sean tus videos, más fácil será convencer a algunos de los clientes que deseas.

LinkedIn

El último lugar que vamos a buscar, cuando se trata de encontrar la plataforma de redes sociales perfecta para hacer crecer tu negocio, es la plataforma de LinkedIn. Pasar algún tiempo haciendo mercadotecnia en LinkedIn, te ayudará a atraer mejor a una comunidad de profesionales que te ayudarán a impulsar las acciones que consideres más relevantes para tu negocio.

Hay muchas empresas y jóvenes profesionales que pasarán su tiempo en LinkedIn, buscando trabajo, buscando una forma de establecer contactos con otros profesionales similares y más. Si tiene un producto o servicio que puedas ofrecer a cualquier lado del espectro, entonces este puede ser el lugar donde necesitas comenzar.

LinkedIn, no siempre es el primer lugar que las personas van a considerar cuando sea el momento de buscar un lugar para anunciarse. A menudo, esta aplicación es vista como una forma de encontrar nuevos empleados, encontrar un nuevo trabajo o establecer contactos de otras maneras que puedan hacer crecer el negocio. Pero tu negocio podrá hacer las mismas cosas y obtener los mismos beneficios si aprendes a utilizar este sitio de redes sociales para tu beneficio.

Hay algunos tipos de negocios que van a funcionar muy bien con este tipo de plataforma. Y también están aquellos que necesitan ir y escoger una plataforma diferente para invertir su tiempo porque nunca verán resultados con esta. Por ejemplo, si estás tratando de vender helados en una pequeña ciudad del norte, probablemente no habrá mucho que salga de la comercialización en este sitio.

Si usted es una empresa que vende vestimenta de negocios, puede ser bueno anunciarse aquí. Dado que hay muchos profesionales jóvenes en este medio, incluidos los que quieren poder prepararse para una entrevista importante y verse lo mejor posible. Si este u otro producto similar está disponible para ti, trabajar con LinkedIn puede ser una gran opción.

Como puedes ver, hay una amplia variedad de tipos de plataformas de redes sociales diferentes que puedes utilizar para ayudarte a obtener los mejores resultados con tu mercadotecnia a través de las redes sociales. Pero con todas las opciones, es fácil quedar atrapado y solo querer comenzar a publicitar con todas, sin prestar atención a lo que estás haciendo o si es una buena idea o no. Aprender a distinguir todos los diferentes sitios de redes sociales y aprender cuáles serán los mejores para tus necesidades es la mayor estrategia que debes adoptar.

Capítulo 3: Facebook – El rey de las redes sociales

El primer sitio de redes sociales que vamos a ver es Facebook. Todos han oído hablar de Facebook y es probable que tengas tu propio perfil personal en este sitio web. Pero ahora es el momento de llevar tu negocio a este sitio de medios y pasar un tiempo promocionándote allí con todas tus fuerzas, si realmente deseas atraer a los clientes. Echemos un vistazo a algunas de las formas en las que puedes trabajar con Facebook y obtener los mejores resultados posibles.

Comercializa con tu página de Facebook

La primera herramienta con la que necesitas trabajar en Facebook y una que no te cuesta nada de dinero, es usar una página de Facebook. Esto es similar a un perfil personal y es el centro de información sobre tu marca, ya sea que estés ofreciendo un servicio, un producto o información sobre tu empresa. Los usuarios pueden seguir o dar "Me gusta" a tu página, lo que les permite recibir actualizaciones que tú publiques en tus noticias.

Si utilizas este método, recuérdale a tus clientes que completen la tarea y hagan click en la opción para ver primero las publicaciones. Facebook ha cambiado algunas cosas, y si los clientes no hacen esta parte, no verán estas actualizaciones si no van directamente a tu página. Esto se debe a que Facebook quiere que pagues por este tipo de visibilidad y alcance. Si puedes hacer que los clientes hagan clic en "Ver primero", podrás comunicarse con ellos de una manera más orgánica, lo que puede ahorrarte mucho dinero.

Por supuesto, no podrás hacer que todos tus clientes hagan esto y no hay nada de malo en usar alguna publicidad paga para obtener resultados en Facebook, pero ¿por qué gastar más dinero del que necesitas gastar cuando se trata de trabajar con tu presupuesto de mercadeo? Cuando le pidas a las personas que vengan y den `` me gusta '' a tu página de Facebook, pídeles que recomienden tu página, que sigan y vean tus publicaciones primero. Esto puede ahorrarte mucho dinero al potenciar cada publicación y al mismo tiempo mantendrá a tus clientes regresando por más a lo largo del tiempo.

El truco es encontrar personas que estén interesadas en hacer clic en "Me gusta" en tu página. Debes asegurarte de llegar lo más posible a ellas, pero si no tienes muchas personas interesadas en seguirte desde un principio, este es un proceso que siempre lleva un tiempo antes de poner en funcionamiento. Más adelante veremos algunas formas en las que puedes obtener más seguidores, pero primero exploremos algunas de las cosas que puedes hacer para ayudar a configurar una gran página de Facebook, de tal manera que puedas atraer más tráfico orgánico a la zona.

Cómo configurar tu página

Como empresa, deseas asegurarte que estás utilizando tu página de Facebook en todo su potencial. Como mínimo, debe asegurarte de que no estás utilizando la página de una manera que aleje a tus clientes, arruinando tu credibilidad y tu negocio. La buena noticia es que hay algunos pasos que puedes seguir que te ayudarán a sacar realmente el máximo provecho de tu página y ver los resultados que deseas de Facebook.

Primero, debemos echar un vistazo para elegir la imagen de portada y la imagen de perfil correctas. Si tiene un logotipo, probablemente sea lo mejor para poner como imagen de perfil. Esto ayuda a simplificar las cosas, garantiza que otros puedan ver lo que tienes para ofrecer y los clientes actuales o potenciales puedan saber que están en el lugar correcto.

La imagen de portada puede tener un enfoque un poco diferente. Puedes divertirte con éste basado en el tipo de negocio que estás tratando de llevar a cabo. Realmente va a depender de ti lo que quieras hacer aquí y puedes ser creativo si lo deseas. A veces, agregar información de contacto, imágenes de tu empresa o empleados, o incluso algunas ilustraciones elegantes puede ayudarte con esto. Solo asegúrate de que sea algo profesional, apropiado y que se ajuste al negocio que estás tratando de administrar.

A continuación, debemos centrarnos en la sección "Acerca de". Esto se colocará justo debajo de ese logotipo. Esta es una oportunidad para hablar realmente de tu negocio y contarle, a cualquiera que visite tu página, más sobre ti o sobre tu empresa. Sin embargo, no es necesario que describas aquí cada pequeño detalle sobre ti. Simplemente habla sobre algunos de los conceptos básicos de lo que hace tu empresa. Puedes guardar más detalles para la sección completa más adelante.

Si tienes prisa, puedes usar la página "Acerca de" de tu blog del sitio web, inventar algo único que te ayude a destacarte ante tus clientes. Tú deseas trabajar con un tono casual, que sea amigable e informal hacia tus clientes.

La información que publicas a lo largo del tiempo, como las actualizaciones de estado, deben tener algún propósito detrás de ellas. Debes asegurarte de que la información tenga algún uso para tus seguidores. No tengas siempre actualizaciones interminables sobre lo mismo y no intentes publicar con demasiada frecuencia. Algunas ideas de lo que puedes publicar en tu audiencia incluirían:

1. Enlaces a algunos artículos relacionados con tu industria o tu empresa.
2. Enlaces a cualquier publicación que agregues a tu blog.
3. Códigos de cupones exclusivos para tus fanáticos de Facebook para ayudarlos a ahorrar en tus productos.
4. Cualquier anuncio sobre nuevos productos.

5. Enlaces a cualquier tipo de herramienta en línea que creas que tus fanáticos encontrarán más útil.

No importa lo que decidas publicar, asegúrate de que sea útil para tus clientes. Si es solo para llenar el espacio, entonces no vale la pena publicar aquí. De la misma manera, tener una gran variedad de contenido, encontrar el mejor momento y el número de veces para publicar hará una gran diferencia en los resultados que puedes obtener con esto.

¿Cómo sabes si estás publicando en el momento adecuado o si estás publicando información que tus seguidores encontrarán útil? Verifica tus estadísticas y algunos de los resultados que logres obtener de ellas. Facebook Insights es una gran herramienta que puedes utilizar y que te ofrecerá excelentes análisis sobre tu página. Debes prestarles especial atención para ver si hay momentos en los que los fanáticos hayan aumentado mucho, o cuando la presencia de tus fanáticos parece decaer. Luego puedes comenzar a ver algunos de los patrones y utilizarlos para tu beneficio.

Formas de manejar el tráfico

La respuesta más obvia que verás cuando se trata de esto es que tú usarías publicidad paga en Facebook para atraer a los clientes. Ciertamente puedes utilizar este método si lo deseas. Pero nuestro objetivo aquí es sacar el máximo provecho de Facebook, sin tener que invertir demasiado dinero en nuestra campaña de mercadeo o gastar en cada pequeño detalle. Afortunadamente, hay algunas cosas que puedes hacer para configurar tu página y obtener más espectadores sin tener que gastar mucho.

Primero, considera agregar información sobre tus plataformas de redes sociales en tu sitio web. Si ya tienes una buena cantidad de clientes que visitan tu blog o tu sitio web y hacen compras, infórmales que ahora tienes una página de Facebook. Hazles saber que van a encontrar información útil, ofertas y más en la página. Es necesario que haya algún incentivo en la página para ayudar a que las personas la visiten y usen tu página. Agregar algunas publicaciones con descuentos especiales que solo tus seguidores de Facebook pueden obtener podría ser una excelente manera de que al menos vean tus redes.

Si ya estás en otras plataformas de redes sociales, entonces avísales que también pueden seguirte a través de Facebook. Sin embargo, cuando estés haciendo esto, debes asegurarte de que haya algún incentivo para que esto ocurra. Si publicas la misma información y las mismas ofertas en cada sitio, entonces realmente no hay muchas razones para que te sigan en ambos.

Hacer promociones y concursos puede ser una excelente manera de hacer que la gente te siga. Si puedes convencer a tus seguidores actuales que logren que sus amigos y familiares también te sigan, entonces podrás atraer a más y más personas a bordo. Ofrecerles algún incentivo para compartir tu información, para alentarlos a hablar puede ser una excelente manera de hacer crecer tu negocio. Ofrecer un gran descuento, darles productos gratis o alguna otra regalía te puede ayudar.

Y, por supuesto, debes asegurarte de que tus publicaciones e información sean siempre de alta calidad. Si solo estás escribiendo para llenar el espacio, o si tu contenido no se realiza de manera consistente, será casi imposible obtener los resultados que deseas. Tus clientes quieren encontrar algo de valor y no quieren que su relación contigo sea solamente una idea de último momento. Asegúrate de publicar en un horario que sea adecuado para ti y que puedas establecer una buena relación con ellos.

Trabajando con publicidad paga en Facebook

Ahora, puedes notar que anteriormente estábamos hablando de algunas de las cosas que puedes hacer para llegar orgánicamente a tus clientes en Facebook. Estas son las cosas que debes hacer para comenzar a atraer a tus clientes y ahorrar dinero. Incluso si utilizas alguna publicidad dirigida, puedes hacer un poco de mercadeo orgánico para ahorrar dinero y llegar a tus fanáticos de maneras nuevas y emocionantes.

Dicho esto, Facebook te ofrecerá una fantástica plataforma de publicidad dirigida. Puedes crear algunos anuncios orientados a ciertas edades, ubicaciones, niveles de educación e incluso el tipo de dispositivo que utilizan cuando buscan en tu sitio. Facebook también permite a los usuarios ocultar anuncios que no les gustan o un botón de página "Me gusta" justo debajo del anuncio.

Debido al hecho de que Facebook puede recopilar una gran cantidad de información demográfica sobre los usuarios, tendrás uno de los mejores programas de publicidad dirigida que puedas encontrar. Básicamente, puedes elegir cualquier cosa en la que desees basar tus objetivos de mercado, e incluso puedes realizar un seguimiento de cuánto éxito tendrás con cada uno de los diferentes segmentos.

Si bien esto los ha metido en problemas recientemente, solo veremos cómo esto te beneficiará como vendedor. Puedes elegir publicar tus anuncios en función de un pago por clic o por impresión. Facebook va a mostrarte cuáles ofertas son para anuncios que son similares a los tuyos, para que tengas una mejor idea de que tu oferta será similar a lo que otros están haciendo en la industria. También puedes invertir un tiempo estableciendo límites para cada día para no despilfarrar tu presupuesto.

La ventaja de usar esto es que los anuncios en Facebook son realmente poderosos y notarás que es probable que tengan más éxito que los grupos o páginas, ya que eres tú quien puede elegir quién ve el anuncio. Por supuesto, debes controlar cuáles serán los costos de estos para ayudarte a aprovechar al máximo la campaña, sin gastar demasiado dinero.

Lo primero que debemos ver aquí es el tipo de anuncio que deseas publicar. Hay algunos tipos de anuncios que puedes elegir. Estos pueden incluir carrusel, lienzo, clientes potenciales, ofertas e incluso videos. Cada uno de ellos tendrá ventajas sobre el otro y realmente depende de lo que quieras hacer con el anuncio, incluso de lo que estás tratando de promocionar en ese momento. Algunos de los tipos de anuncios con los que puedes trabajar en Facebook incluyen:

1. Anuncios multi-producto: a menudo también se denominan anuncios de carrusel. Con estos, puedes anunciar más de un producto a la vez. Como comercializador, es una buena manera de verificar el nivel de compromiso entre algunos de los productos que estás enunciando.

2. Anuncios de dominio: estos son los tipos de anuncios que van a contener una imagen, luego hay una descripción que aparece en la parte superior y un enlace a tu sitio web en la parte inferior. Estos a menudo se conocen como anuncios de enlace de página. Son los que la mayoría de los anunciantes usarán en Facebook porque pueden ser súper efectivos.

3. Anuncios de video: estos están comenzando a ganar popularidad porque es una excelente manera de influir en los diversos usuarios que necesitas alcanzar. Si bien el texto puede funcionar bien, los videos a menudo son

mucho más efectivos para transmitir tu mensaje, siempre que los uses correctamente. A menudo se utilizarán para reorientar y aumentar el conocimiento de tu marca.

4. Anuncios de oferta: este es el tipo de anuncio en el que le brindas al espectador información sobre una oferta que tienes. Estos van a estar dirigidos principalmente a tus clientes actuales. Deseas apuntarles a ellos con este acuerdo para que los usuarios vayan directamente a tu sitio web con un código único y con fortuna, ellos podrán concretar una compra.

5. Anuncios de lienzo: son una excelente opción para trabajar porque es más interactiva. Puedes mirar en tu página la pestaña de herramientas de publicación. Luego puedes crear la parte interactiva que deseas.

6. Anuncios principales: Estos se verán igual que los anuncios estándar de Facebook, pero se centrarán en obtener la información sobre el usuario que deseas, sin tener que abandonar Facebook. Es posible que puedas obtener información, como su nombre y su dirección de correo electrónico, para utilizarla más adelante y ofrecer más productos.

7. Contenido de marca: estos serán un tipo de anuncios patrocinados. A menudo te reunirás con otra compañía o marca y luego los dos publicarán un anuncio en conjunto con una sola etiqueta. Ambos pueden beneficiarse de la exposición y el menor precio de comercialización.

8. Anuncios dinámicos: Finalmente están los anuncios dinámicos. Estos podrán recopilar información de tu sitio web y luego harán anuncios a tus espectadores en función a eso. Puedes agregar cualquier personalización que desees a los anuncios. Este es el tipo de anuncios que se muestran cuando un cliente ha visitado tu sitio y tal vez dejó algo en su carrito que aún no compró.

Una vez que tengas una idea de qué tipo de anuncio te gustaría publicar, puedes revisar y crear una nueva campaña publicitaria. Tú debes ser la persona que maneje la página, por lo que debes ser el administrador. Desde allí, puedes dirigirte al Administrador de anuncios. Es una herramienta complicada simplemente porque tiene muchas características diferentes, pero solo necesitas enfocarte en algunas de ellas para comenzar.

Opciones potentes para apuntar la mira

Descubrirás rápidamente que Facebook tendrá algunas de las opciones más poderosas cuando se trata de apuntar a tus usuarios. Puedes ser capaz de orientar tus objetivos hacia prácticamente todo lo que está en el perfil de tu usuario. Puedes comenzar con la ubicación si eso es lo más importante y tienes la opción de especificar por código postal, estado, ciudad o cualquier otra opción. Esto puede ser útil si el tuyo es un negocio local. Luego puedes pasar a algunos de los datos demográficos que son más importantes para ti, como su edad, su educación, el lugar donde trabaja, su estado civil y cualquier otra cosa que desees.

Hay tantas cosas buenas que podrás hacer con esto. Por ejemplo, es posible que puedas hacer algunos estudios puntuales para descubrir quién se mudó recientemente al área. Si posees un gimnasio, por ejemplo, podrías hacer algunas focalizaciones y descubrir quién se acaba de mudar a esa área y luego hacerle los anuncios directamente a ellos.

Puedes apuntar según los intereses de la persona. Esto te ayuda a enfocarte en las personas que pueden tener intereses hacia tu negocio. Puedes dirigirte a aquellos a quienes les gusta un determinado libro, si lo deseas, o dirigirse a una lista privada de usuarios si tienes algunas direcciones de correo electrónico que has recopilado hasta ahora.

Personaliza tus anuncios

Y, para terminar, una de las mayores ventajas que tendrás para estos anuncios dirigidos es que puedes personalizarlos y crear los anuncios que funcionen para una variedad de grupos demográficos. Los anuncios mejor orientados te ayudarán a obtener los mejores resultados.

Por ejemplo, supongamos que vendes equipos de béisbol y deseas poder apuntar a los fanáticos del béisbol. Tú puedes decidir crear anuncios personalizados para diferentes equipos populares. Puedes crear un anuncio que vaya para los fanáticos de los Cachorros, uno para los fanáticos de los Yankees y otro para los fanáticos de los Medias Rojas. Luego, estos anuncios específicos se mostrarán a aquellos que ya han revisado tu página y se muestran interesados en esos equipos.

Hay muchas cosas que podrás hacer cuando se trata de trabajar con tu comercialización en Facebook.

Definitivamente es un sitio en el que necesitas pasar algún tiempo, pero debes tener cuidado. Deseas asegurarte de utilizar tu presupuesto de la manera más inteligente y eficiente posible. Es fácil gastar mucho dinero si no estás prestando atención a lo que estás haciendo con tu mercadotecnia. Pero si prestas atención, realmente aprendes cómo aprovechar Facebook y también haces parte del trabajo orgánico, podrás tener una campaña de mercadeo asequible y efectiva en Facebook.

Capítulo 4: Los efectos visuales de Instagram

Definitivamente es una buena idea que tu negocio se concentre en trabajar con el sitio de redes sociales Instagram. Si bien Instagram puede ser más nueva y contar con menos usuarios en comparación con el sitio principal Facebook, todavía es un sitio de redes sociales en el que debes pasar algún tiempo. Podrás contar una historia visual a través de muchos formatos diferentes. Y, si puedes alcanzar tu mercado objetivo de la manera adecuada, descubrirás que esto puede brindarte un gran retorno de la inversión en comparación con algunos de los otros lugares que puedes elegir para anunciar tu producto.

¿Por qué querrías trabajar con Instagram? Porque se estima que tiene 800 millones de usuarios activos cada día. Y es probable que esta cantidad crezca más y más a lo largo de los años. A la gente le encanta la idea de poder encontrar las opciones visuales que hay aquí y es una forma realmente única de exhibir tu negocio y tus productos.

Este crecimiento puede ser un poco aterrador cuando recién comienzas y puedes estar preocupado por el desorden que te acompaña. Orgánicamente, puedes comenzar, pero puedes encontrar que, al igual que con tu cuenta de Facebook, necesitarás hacer un poco de publicidad paga para ayudarte a sobresalir de la multitud. Veamos algunas de las cosas que puedes hacer para aprovechar al máximo tu dinero de mercadeo y un gran retorno de la inversión cuando trabajas con Instagram.

Cómo llegar a tu audiencia en Instagram de una manera orgánica

Lo primero en lo que debes concentrarte, cuando llega el momento de traer hacia ti algunas de las mejores cosas que puedes obtener de Instagram, será llegar a la audiencia de una manera más orgánica. Esto te ayudará a llegar a la cantidad de clientes que desees, sin tener que pagar por publicidad en mercadeo.

Si bien no hay nada malo en trabajar con publicidad paga en Instagram, también debes trabajar un poco para llegar a tus clientes de manera orgánica. Y hay algunas cosas que puedes hacer para que esto te suceda a ti. Echemos un vistazo a algunos de los mejores pasos que puedes seguir para llegar realmente a tu público objetivo en Instagram.

Hay varias cosas que puedes hacer para ayudar a aumentar orgánicamente tu alcance en Instagram y otros sitios a lo largo del camino. Algunas de las técnicas que funcionarán bien para la mayoría de los especialistas en mercadeo, especialmente si las estás utilizando de la manera correcta, incluirán

Usa los hashtags

Si bien la imagen que colocas en tu página es muy importante para el éxito de tu campaña de Instagram, los hashtags serán uno de los elementos más importantes de tu publicación. Los subtítulos pueden contar una historia con la imagen, pero la etiqueta hash hará que tu imagen sea vista por aquellos que pueden no ser tus seguidores actuales. Cuando los usuarios en Instagram comienzan a buscar hashtags que son relevantes en una industria específica, debes asegurarte de que tus publicaciones sean una de las que aparezcan. Si no lo hacen, significa que sus competidores están allí y que te estás perdiendo.

Habrá tres estrategias principales que se pueden usar para elegir hashtags. Éstos incluyen:

1. Use hashtags que sean bastante populares, las que tienen la mejor oportunidad de ser buscadas. Esto puede terminar con mucha competencia, pero aun así aumenta tus posibilidades de ser visto.

2. Use algunos hashtags que sean menos populares, pero que sigan siendo muy relevantes para el trabajo que deseas hacer. Estos pueden atraer menos usuarios a tus publicaciones, pero los que te encuentren como consecuencia de estas etiquetas de hash serán clientes más orientados a tu negocio.

3. Use hashtags que a menudo han sido pensadas para atraer nuevos seguidores. Algunos de los buenos incluyen #follow # follow4follow y #followme.

No importa cuál de las tres estrategias elijas, o incluso si decides hacer una pequeña combinación de cada una, intenta usar al menos una etiqueta hash en cada publicación. Incluso más hashtags pueden ser mejores porque aumentan la cantidad de alcance que puedes obtener en este sitio.

Encuentra la cantidad correcta de publicaciones por día

El siguiente paso que debemos analizar es la idea de cuántas veces al día publicar en tu página. Esta es una pregunta que va a venir con mucho debate. Cada vendedor vendrá con una respuesta diferente a esta pregunta y dependerá de tu producto y tu base de clientes.

Hay mucha información y consejos que crean conflictos cuando se trata de la frecuencia con la que tendrás que publicar en Instagram. A la larga, tú eres quien debe prestar atención a la información que se te proporciona, las estadísticas que miras y luego decidir qué parece funcionar mejor para tus necesidades. Algunas personas pueden estar bien publicando solamente una vez al día y otras necesitarán publicar varias veces al día.

Según la investigación que se realizó sobre la idea de publicar en Instagram, la cual fue capaz de monitorear 55 marcas diferentes que usan Instagram, se descubrió que la mayoría de las marcas publicarían un número aproximado de 1.5 veces en promedio por día. Lo que parece ser más notable aquí es que publicar más a menudo no necesariamente resultó en una menor o mayor participación. Todo depende de lo que pueda funcionar para tu negocio, tu tiempo y tus clientes.

En el pasado, a la mayoría de los especialistas en mercadeo se les decía que fueran excesivamente cuidadosos para no publicar demasiado en sus páginas. No deberías volverte loco con esto y publicar cincuenta veces al día todos los días. Pero si quieres hacerlo un par de veces más en un día, no perjudicará tanto tu compromiso. Es posible que debas experimentar un poco y ver cuántas publicaciones al día funcionarán mejor para tu negocio.

Recuerda el ambiente que viene con tu marca

Si estás buscando en Instagram, encontrarás que las marcas que parecen tener más éxito son las que cuidan detalladamente sus imágenes, sus publicaciones y se aseguran de que contribuyan a la identidad de su marca. Todas estas compañías vendrán con un tema general que asegurará que todos los videos, imágenes y otras cosas sigan con el mismo tema.

Esto es algo muy bueno y también debes cumplirlo en tu propia publicidad. Ayudará a tus clientes a sentir que realmente pueden conocerte a ti y a tu empresa. Y cuando sientan que pueden conectarse contigo, se quedarán y verán qué más pueden obtener de ti.

Esto significa que tendrás que considerar cuidadosamente todas las imágenes y videos que deseas colocar en tu cuenta comercial de Instagram. Hay demasiadas compañías que publicarán cosas sin pensar y luego esto hace que su marca parezca un desastre. Si bien tú no deseas que cada imagen se convierta en una imitación de los otros, realmente antes de comenzar, es buena idea evaluar detenidamente cualquiera de las publicaciones que estés considerando.

Pasos para asegurarte de que tu perfil esté optimizado

Realmente no te toma tanto tiempo revisar y optimizar adecuadamente el perfil que estás usando en Instagram, pero definitivamente puede hacer una gran diferencia en cuántas personas realmente harán clic en tu sitio. También puedes marcar la diferencia en la forma cómo ven tu marca. Algunos de los consejos que puedes seguir para ayudar a optimizar tu perfil incluyen:

- Asegúrate de que la descripción y las imágenes en tu perfil combinen bien con el ambiente que deseas ver en tu empresa.

- Asegúrate de que siempre haya un enlace presente que lleve de regreso a tu sitio web. Incluso podrías considerar configurar una página de destino que sea específica para tus visitantes de Instagram, o puedes hacer cambios en el enlace para ayudar a promover una campaña actual u otro contenido.
- Usa el logotipo de la empresa en algún lugar del perfil. Esto les permite a tus usuarios saber que este perfil es el oficial para tu empresa.
- Considera agregar al menos una etiqueta hash específica de la marca en tu perfil. Esto facilita a tus clientes saber que el perfil te pertenece.
- Si tienes un negocio local o tiene tu tienda propia, considera también incluir tu ubicación física en el perfil.
- Si tienes otro perfil de redes sociales, asegúrate de que tus imágenes y cualquier otro contenido permanezcan consistentes en todo momento.

Haciendo crecer tus seguidores

Si no te tomas el tiempo para hacer crecer una buena base de los seguidores que están viendo tus publicaciones activamente y se registren regularmente contigo, entonces todas las otras cosas que termines haciendo en este sitio de redes sociales van a ser inútil. El secreto para hacer crecer tu propia base sólida, de manera adecuada, es simple, pero se necesita algo de tiempo y esfuerzo para que esto ocurra.

El secreto que vamos a seguir aquí es un compromiso natural. Cuando interactúas naturalmente con tus seguidores, encontrarás que es más probable que se queden. Lo que esto significa es que debes responder a tus clientes, publicar constantemente, mantener la información atractiva y frecuente a lo largo de todo lo que estás haciendo, y cualquier otra actividad que te ayude con esta tarea.

Ahora que entendemos cómo funciona esto, habrá algunas estrategias diferentes que podrás utilizar para asegurarte de que este proceso funcione para ti. Algunas de las estrategias que pueden funcionar cuando quieres hacer crecer tus seguidores de Instagram incluyen:

1. Recuerda que las imágenes y publicaciones de calidad siempre superarán a la cantidad. Si ya empezaste con tu cuenta, asegúrate de revisarla y editarla hasta que solo quede lo

mejor. Nadie quiere seguirte si no tienes nada más que miles de imágenes sin sentido que no tienen nada que ver con tu negocio.

2. Siempre ten un título bueno y relevante con tus imágenes. Hacer una pregunta dentro de ese título puede ser una buena manera de aumentar tu compromiso.

3. Sé consistente. Siempre recuerda para quién estás publicando y recuerda por qué estás publicando.

4. Usa varias herramientas como Piqura para ver qué imágenes te llevan al mayor compromiso y luego publica más.

5. Participa en las fotos que más te gusten y también en otros perfiles. A medida que las personas comienzan a ver que estás interactuando de manera regular, también comenzarán a seguirte.

6. Asegúrate de que, si estás en Instagram, debes promocionar esta cuenta donde quiera que vayas. Promuévelo en otros sitios de redes sociales, en tus materiales de mercadeo físico y en tus suscriptores de correo electrónico.

La importancia de ser seguidor

A menos que seas una gran celebridad y vayas a Instagram, es probable que tengas que hacer un trabajo para que los seguidores te presten atención e incluso para que la gente te siga en primer lugar. Una empresa no solo debe centrarse en seguir a sus seguidores, sino que también necesita tomar un papel activo en la creación y búsqueda de nuevas personas que te sigan.

A veces esto es difícil. Solo publicar en tu página no será suficiente para atraer a todas las personas que te gustaría. Tienes que poner un poco de trabajo preliminar para ver que esto suceda. Algunas de las formas en las que puedes trabajar para encontrar a las personas adecuadas que deseas seguir, y esperemos que te sigan, incluyen:

1. Busca a las personas que ya conoces. Cuando estés en su perfil, dirígete a la página principal antes de hacer clic en la esquina derecha superior de la pantalla. Desde allí, puedes tocar "Buscar amigos" y ver quién está en tu lista de usuarios sugeridos, lista de contactos y lista de amigos.
2. Busca compañías similares u otras compañías que ya conozcas y que puedan tener algunos seguidores a quienes también les gustaría tu

compañía. Puedes encontrarlos utilizando la función de barra de búsqueda.

3. Encuentra a otras personas a las que tal vez quieras invertir algún tiempo siguiendo. Instagram lo hace fácil con su propia función de "Buscar y Explorar". Solamente necesitas hacer clic en el ícono de la lupa y luego allí desplazarte un poco para descubrir quién es el más recomendado para ti.

4. Sigue a las personas que son influencia en la industria en la que ya estás. El programa conocido como "agujero de llave" te ayudará a buscar usuarios y publicaciones usando el hashtag anterior y luego podrás ver todos los resultados mirando la cantidad de "Me gusta" encontrados en la publicación.

5. Sigue a cualquiera de los usuarios que ya están siguiendo a las principales personas que son tendencia en tu industria.

6. Busca hashtags que parecen ir con tu industria. Esta es una buena manera de ayudarte a orientar un poco a los usuarios que están en tu campo o nicho.

7. También puedes pasar un tiempo buscando en Google. Esto te ayuda a encontrar algunos de los usuarios más influyentes en tu industria.

Asegúrate de que tus publicaciones sean atractivas

Uno de los errores que debes tener en cuenta cuando trabajas con Instagram es comenzar a publicar el mismo tipo de contenido una y otra vez. Publicar fotos de productos y selfies puede ser algo con lo que estás acostumbrado a trabajar, pero también es una buena idea mezclar un poco las cosas y luego cambiar la estrategia. Prueba algo nuevo o ten una buena rotación de cosas que te gustaría probar en el camino.

Lo bueno de Instagram es que hay muchas opciones diferentes entre las que puedes elegir para ayudarte a mezclar el contenido y realmente destacarte entre la multitud. Algunas de las ideas de publicaciones que puedes probar para mezclar las cosas incluirán:

1. Fotos que envían sus usuarios.
2. Un día en tu vida donde vas a mostrarle a tus clientes un poco de tu vida personal en lugar de mostrarles solamente acerca del negocio.
3. Los videos e imágenes con temas de vacaciones funcionan bien.

4. Algunas demostraciones o tutoriales que muestran al cliente cómo trabajar con tu producto.

5. Citas de imágenes simples en las fotografías o el video. Puedes hacer esto con la ayuda de Canva.

6. Echa un vistazo a cualquier producto nuevo que esté disponible y que puedas mostrar a tus clientes.

7. Si puedes, toma algunas fotos entre bastidores de tu negocio para que el cliente sienta que está obteniendo información que otros no tiene.

Publicidad pagada en Instagram

Otra opción en la que puedes trabajar es hacer publicidad paga con Instagram. Esto te permite llegar a algunos de los clientes que pudieran no haber estado disponibles para ti en el pasado, e incluso puede ir dirigida a tus clientes actuales para asegurarte de que podrás realizar algunas de las ventas que te gustaría hacer.

Cuando se trata de publicidad con Instagram, existen algunos tipos de anuncios diferentes con los que puedes trabajar. Los tipos más comunes en los que querrás pasar tu tiempo incluyen:

1. Anuncios de historias: estos son los anuncios de pantalla completa que aparecerán entre las historias de otros usuarios. Esto te permite dirigir a tu audiencia de manera muy específica y hacer que te sea más fácil llegar a una audiencia masiva con ese anuncio. Puedes agregar filtros, efectos de video e incluso texto para que la promoción sea más divertida. Y se verá y se sentirá como una publicación normal, lo que te permitirá llegar a una parte de la audiencia sin arruinar la experiencia para el usuario. Puedes agregar una llamada a la acción para que tu audiencia regrese a tu sitio web o realizar cualquier otra acción que desees.

2. Anuncios fotográficos: son excelentes para permitir que una marca muestre realmente sus servicios y productos con algunas imágenes atractivas. Puedes exhibir algunos de tus mejores productos y luego agregar un botón de llamada a la acción "Compre ahora" antes de seleccionar a quién te gustaría que fueran dirigidas las imágenes. Al igual que con las historias, estas se verán como las

publicaciones regulares que tienes, lo que puede le mejorar la experiencia a tu audiencia.

3. Anuncios de video: si puedes hacer un buen video que sea corto (quince segundos), entonces esta puede ser tu mejor opción para anunciar. Esto puede ser creativo y puede circular rápidamente con un buen llamado a la acción si lo configuras de la manera adecuada.

4. Anuncios de carrusel: estos anuncios le darán al usuario la oportunidad de deslizarse a través de una serie de videos o imágenes, para después mostrarles un agradable botón de llamada a la acción que puede llevar al cliente a tu sitio web. Estos anuncios harán algunas cosas, como compartir una historia de múltiples partes, mostrar más de un producto e incluso sumergirse en un producto o servicio con hasta diez videos o imágenes.

Si bien también puedes anunciar tus publicaciones de Instagram en Facebook, vamos a mantener esto simple y veremos cómo puedes hacer publicidad paga en tu cuenta de Instagram. Si notas que tienes una determinada publicación o tipo de publicación que parece tener una gran participación y deseas aumentarla, podrás promocionarla dentro de esta aplicación.

Primero, asegúrate de tener una cuenta comercial configurada (lo que deberías hacer en este momento) y luego puedes ir directamente a la publicación que deseas promocionar. Haz clic en el botón "Promocionar". Es probable que debas iniciar sesión con tu cuenta de Facebook para autenticar quién eres. Una vez hecho esto, debes poder seleccionar tu objetivo.

Hay algunos objetivos que puedes tener, como atraer a más personas a tu sitio web, realizar más ventas o incluso maximizar la cantidad de usuarios que verán tu publicación. También puedes agregar un botón de llamada a la acción de tu preferencia, escoger la audiencia que deseas para la publicación (o puedes dejar que Instagram lo haga por ti), luego elige la duración del anuncio y el presupuesto. Cuando todo esté configurado de la manera que deseas, presiona "Crear promoción" y ¡observa cómo van las cosas!

Siempre puedes hacer ajustes a los anuncios que estás haciendo y puedes aprender de lo que estás haciendo en el camino. Si notas que un tipo de demografía está realmente trabajando para tus necesidades, entonces continúa y comienza a confiar un poco más en eso. Si miras las estadísticas y ves que algo definitivamente no funciona, entonces está bien dejarlo y seguir adelante. La publicidad en Instagram o en uno de los otros sitios será un gran experimento de ensayo y error y está bien seguir intentando cosas hasta que funcionen para ti.

Capítulo 5: Google y el poder del SEO

Lo siguiente que puedes ver cuando se trata de tus opciones en las redes sociales y el mercadeo en red es en Google. Google utilizará el poder del SEO para ayudar a aquellos que te están buscando, o que están buscando temas relacionados con tu negocio y lo que vendes, a encontrarte a ti. Ser capaz de hacer SEO en Google y en algunos otros motores de búsqueda, será la mejor manera de llegar a tus clientes donde estén.

Hay muchos beneficios de la publicidad y en poner por lo menos una parte de tu presupuesto de mercadeo en Google. Esto nunca es más cierto que cuando eres un negocio que recién comienza. Piénsalo de esta manera; Cada mes se realizan más de 100 mil millones de búsquedas en Google. Y es probable que algunos de ellos sean tus clientes potenciales. ¿No tiene sentido que te asegures de que tus clientes puedan encontrarte cuando realicen estas búsquedas?

Cuando te tomas el tiempo de seguir los pasos necesarios para crear una buena campaña en Google, esto te ayudará a aprender una parte importante del proceso de mercadeo, si aún no lo has hecho: determinar quién es su cliente ideal, cómo dirigirte a ellos de la mejor manera y cómo invertir en los pasos correctos para realmente atraer a estos clientes a tus puertas (o a tu sitio web).

El mercadeo en Google es el primer lugar donde deseas comenzar. Esta es una forma en la que puede anunciar directamente a aquellos que buscan tu producto y servicio. Por lo general, cuando realizan una búsqueda en Google u otro motor de búsqueda, por lo menos están buscando cotizaciones e ideas, pero muchas veces están listos para hacer sus compras si encuentran lo que quieren. Este es el momento perfecto para contactar a tus clientes. Si apareces y eres relevante para la búsqueda que están haciendo, entonces puedes convertirlos en clientes que sean tus consumidores.

También puedes trabajar con una función conocida como Google AdWords. Este es un método que los especialistas en mercadeo pueden utilizar con el fin de llegar a sus clientes ideales y ofrecerles tu negocio como respuesta a lo que están tratando de encontrar en el momento cuando realizan búsquedas en línea. Esta puede ser una buena manera de moderar tus costos porque no hay una compra mínima de anuncios. Como una empresa más pequeña, este puede ser un buen lugar para comenzar porque puedes ahorrar tu presupuesto y ayudar a poner en marcha tu negocio.

Publicidad orgánica en Google

Lo primero que debemos analizar son algunas de las formas orgánicas en las que puedes crecer en Google. Configurar algunas de estas formas te ayudará a hacerlo mucho mejor cuando llegue el momento de incorporar algunos de los servicios pagos que deseas utilizar con Google. Ten en cuenta que, con estos, podrás utilizar, de manera gratuita, muchas de las herramientas que posee Google. Por ejemplo, puedes buscar diferentes palabras clave con Google AdWords o Google Keyword Planner para averiguar qué palabras clave podrán ayudarte a configurar tus blogs y sitios web de la manera adecuada.

Cuando estés listo para trabajar con un alcance orgánico en Google, debes concentrarte en tu sitio web y tal vez considerar incluso un blog. Podrás echar un vistazo a algunos de tus productos y determinar si hay una cadena común entre todos los productos y con la que puedas unirte. Luego, ve si puedes iniciar un blog que tenga un vínculo con tu sitio web.

Luego puedes comenzar a publicar algunos artículos bien hechos y publicaciones de blog de manera regular para ayudarte a llegar a tus clientes. Por ejemplo, si vendes equipos de ejercicios, es posible que desees escribir artículos sobre el mejor momento para hacer ejercicio, los diferentes tipos de ejercicio, los beneficios de hacer ejercicio, una nutrición adecuada y temas de ese estilo. Esto te ayudará a ver los resultados que deseas en general y te facilitará la tarea de agregar las frases y palabras clave correctas en tu sitio web para que puedas clasificarse en SEO.

El SEO será más efectivo cuando realices algunas de las opciones de publicidad paga que están disponibles a través de Google. Pero si ya tienes esta configuración bien hecha en tu blog o sitio web y los trabajos se realizan de la manera correcta (lo que significa que todo está bien hecho de una manera agradable y el artículo realmente será valioso para el cliente), entonces cuando comiences a implementar publicidad paga con Google, las cosas realmente van a despegar.

Las diferentes formas de hacer publicidad en Google

Hay muchas opciones que puedes usar cuando llegue el momento de anunciarte en Google. Cada vendedor tendrá que mirar las opciones y decidir cuál de ellas parece ser la mejor para su negocio. Algunos especialistas en mercadeo pueden descubrir que trabajar con AdWords y utilizar solamente anuncios pagos será suficiente para ellos. Otros pueden querer usar algunas de las otras herramientas que están disponibles a través de Google e incluirán herramientas como YouTube, mercadeo de búsqueda orgánica, Google Shopping, Google Plus y Google Maps, por nombrar algunas. Estos requieren un poco más de esfuerzo, pero pueden garantizar que encuentres los clientes que necesitas.

Descubrirás que el uso de varios de los activos de Google en tu campaña realmente puede ayudarte a obtener más por tu esfuerzo y te permitirá realizar ajustes en tu estrategia con el tiempo. Estos ajustes se pueden hacer en base a lo que ves que funciona a través de los análisis y las herramientas que se ofrecen. Puedes elegir entre muchas opciones para asegurar que tu empresa esté lo más optimizada posible a través de Google. Algunas de las principales opciones para trabajar incluyen:

1. Google Play
2. Google News
3. Google My Business
4. Google +
5. Google Maps
6. YouTube
7. Google Search

Descubrirás que trabajar con los planificadores de palabras clave y las herramientas analíticas será otra parte en la que debes centrarte con la publicidad. Estos son muy importantes porque ayudan al vendedor a obtener la información que necesitan para asegurarse de que siempre estén tomando las decisiones correctas cada vez. Cuando trabajes con el Planificador de palabras clave de Google, por ejemplo, podrás buscar palabras que te gustaría clasificar en SEO y determinar cuáles ofertas debes pagar, si son buenas palabras clave o no y otras cosas más. Estos te ayudan a tomar decisiones acertadas basadas en tu negocio y en lo que ha estado funcionando para otros en la industria.

Usando la plataforma AdWords en Google

Aunque sí obtienes algunos ejemplos, cuando se trata de trabajar con Google en cualquier estrategia de mercadeo, una de las formas más fáciles para que los principiantes comiencen con esto es configurar su cuenta de AdWords.

AdWords será una plataforma publicitaria que Google ofrece a las empresas para publicar anuncios en la página de resultados de búsqueda. Con esta opción, un usuario o un comercializador puede pasar un tiempo investigando frases o términos individuales y luego usarlos en su sitio web para acceder a la página de resultados. Si utilizas esta plataforma, también habrá una marca de "anuncio" en tu resultado de búsqueda. Cuando usas este tipo de servicio, vas a ser capaz de ofertar por algunas de las palabras clave que creas que tus clientes potenciales escribirán en la barra de búsqueda cuando investiguen sobre tu servicio o tu producto.

Esto puede ser importante para que tu negocio crezca. Dependiendo de las palabras clave que decidas utilizar, puede ser un poco costoso. Pero sí garantiza que tú vas a aparecer en la parte superior de los resultados de búsqueda cuando un cliente potencial esté buscando tus productos o servicios. Dado que muchos clientes no desean buscar todo el día, es probable que al menos hagan clic en el primer resultado que obtengan, incluso si se trata de un anuncio. Y si realmente elegiste usar buenos términos de búsqueda y tienes cuidado al crear un sitio web de alta calidad, que sus clientes disfrutarán, ¡entonces será más probable que realices la venta en el proceso!

Esto trae a colación otro punto clave. Google no permitirá que cualquiera con un sitio web haga esto y se clasifique alto para todas las palabras clave que desee. Google quiere que la gente siga regresando y usándolos. Por lo tanto, tienen algunas pautas y reglas que tendrás que seguir. Examinarán tu sitio web y verificarán la calidad y la relevancia de tu cuenta para determinar si tu sitio web se puede clasificar con ciertas palabras clave.

Google + Página para empresas

Además de trabajar con la publicidad paga de la que acabamos de hablar, los especialistas en mercadeo tendrán la opción de trabajar con una función de Google conocida como Google +. Esto es un tipo de herramienta para redes sociales que te facilitará comunicarte directamente con los clientes que tienes.

Al igual que con algunos de los otros sitios de redes sociales de los que hemos hablado en esta guía, Google Plus es una forma de comunicarte e interactuar, de manera más directa, con tus clientes, al tiempo que te asegura que el contexto de tu marca y tu negocio sean previsto. Google + también puede tener un gran impacto en tu volumen de tráfico de búsqueda y SEO en comparación con algunos de los otros sitios de redes sociales, simplemente por el hecho de que está conectado a Google y algunas de las otras opciones que ellos ofrecen.

Si revisas y creas tu propia página comercial con la ayuda de Google My Business, descubrirás que te convertirás en una empresa destacada en los resultados de búsqueda cada vez que un usuario consulta sobre empresas locales. Esto te coloca justo en la cima de los motores de búsqueda y puede facilitar que el cliente potencial adecuado te encuentre cuando más te necesita.

Cuando decidas configurar este tipo de página comercial utilizando las herramientas que Google proporciona, también configurarás automáticamente tu propia página Google +. Cuando puedas juntar ambas herramientas, esto facilitará que los resultados de tus búsquedas se incrementen. Además, esta página te proporciona una presencia en las redes sociales para que puedas comunicarte fácilmente con tus clientes, responder preguntas, compartir información importante y realmente salir a representar tu marca.

¿Puedo trabajar con Google Maps en mi mercadeo?

Cada vez que configures tu página comercial aquí, también puedes usar la función conocida como Google Maps. Esto es útil para asegurarte de que aparezcas, junto con tu ubicación, cada vez que un cliente potencial busque palabras clave que se relacionen contigo. Las personas que buscan algunas de las empresas locales que puedan proporcionarles un determinado servicio o producto también podrán escribir las palabras clave que deseen antes de ver tu ubicación en el mapa. Esto viene con tu sitio web o enlace de página de Google Plus, siempre y cuando hayas hecho el trabajo correcto y estés clasificado lo suficientemente alto como para estar en estos resultados.

Si inviertes tiempo actualizando esta página de negocios con información precisa y completa, esto puede ayudar a tu clasificación. Google estará más capacitado para asociar tu negocio con las búsquedas relacionadas con él. Algunas de las cosas que debes hacer para que esto suceda es agregar la dirección física, el número de teléfono, la categoría de la empresa, luego verificar la ubicación y serás ubicado en Google Maps. Cuanta más información detallada puedas agregar sobre esto, más fácil será para ti aparecer en los motores de búsqueda correctos y para tus clientes potenciales encontrarte.

¿Qué son los anuncios de la lista de productos de Google?

Si estás trabajando con una empresa que va a vender algunos productos físicos en lugar de solo trabajar con un servicio, puedes trabajar con la función conocida como Google Shopping. Esta es una herramienta de marketing que te ayudará a aumentar un poco tu tráfico y, al mismo tiempo, se asegurará de que tus ingresos vean un aumento.

Google Shopping es excelente porque permitirá a tus usuarios ver tu producto aparecer en un anuncio, con un listado de productos que incluye la imagen de uno de tus productos, el nombre de tu tienda, a veces reseñas y el precio. Prueba esto muy rápidamente. Escribe algún tipo de artículo que quieras comprar, como un nuevo Fitbit. Cuando escribes esto en

Google, a menudo hay algunas imágenes con precios y nombres de empresas que aparecen en la parte superior. Esto se debe a los anuncios de lista de productos de Google. Y si decides agregar esto a tu campaña de mercadeo, tus productos también podrían terminar en la parte superior de los resultados de búsqueda.

Google Shopping se administrará dentro de AdWords, pero puedes configurar una oferta para tus productos, en lugar de palabras clave específicas para un anuncio de texto tradicional. Google puede ayudarte aquí a estar seguros de que eliges las palabras clave adecuadas para tus productos. Esto garantiza que aparecerás en la parte superior cada vez que los usuarios escriban esas palabras en los resultados de búsqueda.

Es importante tener en cuenta los anuncios de listas de productos porque se asegurarán de que obtengas más clics de nuevos clientes potenciales, especialmente de aquellos que no están familiarizados con tu empresa y pueden convertirse en nuevos clientes. Verás que Google Shopping realmente se ha vuelto más popular, a medida que las ganancias por comparación de compras siguen aumentando, lo que lo convierte en una herramienta muy efectiva que puedes agregar a tu plan de mercadeo.

Otros Google Aps para publicidad

Para las empresas que recién comienzan con la idea de la computación en la nube, es posible que deseen trabajar con Google Apps for Business, o ayudarse con G Suite. Esto puede simplificar todo el proceso y garantizar que puedas mantener a todos juntos en la misma página todo el tiempo. Para G Suite, en realidad hay algunas opciones disponibles dependiendo de tu presupuesto y cuánto necesitas hacer. Por ejemplo, el extremo inferior que te permite hacer lo básico será de aproximadamente $ 5 por mes para cada usuario.

Hay muchas cosas diferentes que puedes hacer con G Suite, por lo que puede valer la pena echarle un vistazo. Con esta función, puedes verificar el sitio web de tu negocio e incluso configurar tu propio correo electrónico, que todos tus empleados pueden usar, que incluye el nombre de tu dominio. Piensa en el nivel de profesionalismo que puedes agregar si tienes un negocio con tu propia dirección de correo electrónico. Esto también puede ayudar a los clientes a saber quién eres cada vez que leen tus correos electrónicos o necesitan comunicarse contigo.

Esta característica también hará que tu trabajo y comercialización sea mucho más fácil, especialmente cuando estás en movimiento. Puede ayudarte con el correo electrónico, los calendarios compartidos y Google Drive. Si tú y tu equipo están constantemente en movimiento, estos pueden ayudarte a comunicarse y compartir información cuando sea necesario. El uso de estas aplicaciones comerciales puede acelerar el proceso y garantizar que seas lo más eficiente posible.

Trabajando con las analíticas

Antes de finalizar nuestra discusión sobre publicidad con Google, debemos tomarnos un momento para explorar algunos de los análisis que puedes hacer con este sitio. Terminarás desperdiciando mucho tiempo, dinero y recursos si usas las funciones al azar y no tienes idea de qué está funcionando y qué no. Google Analytics puede ayudarte con esto porque puede brindarte una gran cantidad de estadísticas importantes sobre tu sitio web y al mismo tiempo proporcionarte los comentarios que necesitas para saber cómo está funcionando realmente la campaña.

Cuando hayas comenzado una campaña y la dejes ir por un momento, podrás iniciar sesión en tu perfil y ver cuántos visitantes se dirigen a tu sitio web, dónde se encuentran los visitantes, de dónde proviene todo este tráfico (es a través de SEO, tu blog, de otras redes sociales, etc.), ¿qué tácticas de mercadeo parecen funcionar mejor y cuántos de los visitantes que llegan a tu sitio se están cambiando a clientes pagos? Incluso puedes dividirlos y ver cuántos clientes o visitantes son de PC y cuántos son usuarios móviles.

Definitivamente vale la pena dedicar tus esfuerzos a evaluar los análisis ocasionalmente y hacer los ajustes necesarios. Puedes usar estos análisis para rastrear diferentes aspectos de tu campaña de mercadeo y ver cuáles parecen tener el mayor impacto cuando se trata del tráfico a tu sitio web y las tasas de conversión más altas.

Como vendedor, también puedes usar algunas de las otras herramientas que están disponibles, como el Planificador de palabras clave y Tendencias de Google, para ayudarte a descubrir las palabras clave correctas a ser utilizadas en diferentes campañas, dependiendo de cuántos clientes las estén usando y qué tanto se mantienen en la tendencia. Luego puedes tomar esas palabras clave y usarlas en tu estrategia de búsqueda orgánica o en tu campaña de AdWords.

Vigilar de cerca tus campañas y aprender qué funciona mejor y qué debes evitar puede ser muy importante cuando se trata de ayudarte a obtener los resultados que deseas de Google. Google tiene muchas características que te ayudarán a hacer crecer tu negocio y se asegurarán de que puedas llegar a los clientes que deseas. No solo se basa en una plataforma, sino en un conjunto de características que hacen el trabajo. Y aprender a usarlo junto con otras opciones de redes sociales va a marcar la diferencia en la rapidez con la que tu negocio puede crecer.

Cuando miras alrededor, para ver qué sitios de redes sociales te gustaría usar para garantizar que tu negocio realmente va a crecer, debes asegurarte de agregar al menos un poco de mercadeo de Google a la mezcla. Cuando esto se agregue, verás algunos resultados sorprendentes que garantizarán que tu negocio alcance las nuevas alturas que deseas.

Capítulo 6: El mundo de Twitter

El próximo sitio de redes sociales que vamos a ver es Twitter. Con más de 313 millones de usuarios activos cada mes, y un grupo demográfico que también es joven, Twitter puede ser un gran lugar para comercializarse y obtener excelentes resultados. También descubrirás que es bastante fácil configurar tus propias ganancias en Twitter. Solo necesitas crear tu propio identificador (el nombre de tu perfil), cargar una buena foto para que sea tu foto de perfil, completar una biografía, enviar el primer Tweet y estarás listo para comenzar. Hay más pasos para hacer crecer la cuenta, pero estos pasos simples al menos te ayudarán a comenzar.

Hacer crecer tu listado de seguidores reales a través de Twitter puede requerir más trabajo que simplemente enviar Tweets cuando tienes un gran evento o un nuevo producto. Twitter es útil porque te ayuda a contactarte con tu audiencia y realmente interactuar con ellos. Esto no va a suceder si solo envías algunos Tweets al año. Echemos un vistazo más de cerca a Twitter y cómo puede ayudarte a hacer crecer tu negocio.

¿En qué se diferencia Twitter del resto?

El enfoque que debes tener para cada sitio de redes sociales con el que trabajas debe ser un poco diferente. La estrategia utilizada Twitter no puede ser la misma a la que usas en tu plan de mercadeo en Facebook. Es importante que aprendas más información sobre la forma cómo funciona Twitter y la mejor manera de usarlo para obtener los mejores beneficios.

Hay muchas maneras diferentes en que una empresa puede utilizar Twitter para satisfacer sus necesidades. Algunas de las formas principales incluyen:

- Administrar su reputación.
- Crear una marcar por sí mismos
- Redes para que las empresas puedan encontrar otras empresas similares y clientes potenciales en la industria
- Interactuar con sus clientes actuales y clientes potenciales.
- Impulsar el compromiso hacia algunas de las actividades promocionales en las que están trabajando.
- Compartir el contenido y la información que tienen sobre su negocio y sus productos.

Al igual que con todos los otros sitios de redes sociales de los que hemos hablado, la mayoría de estas actividades tendrán que ver con las interacciones. No se trata simplemente de transmitir tu contenido, como puede suceder a veces con Pinterest e Instagram. Twitter funciona debido a la comunicación abierta.

Ahora que sabemos un poco sobre la importancia de Twitter y cómo las empresas lo usarán a menudo, es hora de analizar algunas de las cosas que necesitas saber para comenzar a comercializar en Twitter. Vamos a ir más allá de cómo configurar un buen perfil. Vamos a ver algunas de las estrategias reales que asegurarán que puedas llegar a tus clientes y que no perderás tu tiempo a través de esta plataforma.

¿Qué es Twitter Chats y cómo puedo usarlo?

Muchos de los que están interesados en trabajar con Twitter sienten curiosidad por la forma en que pueden ganar seguidores. Si bien los seguidores son importantes, debes asegurarte de tener seguidores que estén activos en lugar de aquellos que solo hacen clic en ti y luego nunca te vuelven a mirar de nuevo.

La respuesta a este tipo de problema en Twitter serán los chats de Twitter.

Esta es una característica de Twitter que existe desde hace algún tiempo, pero hay muchos vendedores que tardan en probarlos y aprender el poder que viene con ellos. Pero como nuevo vendedor en Twitter, debes prestar atención a estos chats y ver qué pueden hacer por usted.

Una de las principales razones por las que estos chats serán tan efectivos cuando los uses es porque los que están en ellos son seguidores activos en Twitter. Los que están en esta función están en Twitter y están allí con el propósito de interactuar, aprender más y probar cosas nuevas. Estos son los mejores seguidores porque son los que te responderán, responderán a cualquiera de los Tweets que publiques, reenviarán tu contenido y mensajes, e incluso podrán ayudarte a comenzar las cosas.

Ahora, habrá una variedad de grupos de chat de Twitter, así que asegúrate de investigar un poco y encontrar los que sean específicos para tu industria personal. Esto te ayudará a obtener realmente los resultados que deseas y garantizará que hables con otras personas interesadas en tu contenido y en lo que tienes que decir. Y recuerda, no puedes simplemente publicar un anuncio y salir corriendo. Debes estar presente, hacer y responder preguntas, interactuar y encontrar formas de realmente agregar valor a otros que ya están allí.

Video de Twitter

Si bien Twitter no siempre es la primera opción en la que las personas pensarán cuando quieran comenzar con el video marketing, todavía es algo que puedes considerar incluir en tu campaña de mercadeo de Twitter. Puede que Twitter no sea tan avanzado con el video mercadeo como lo verás con YouTube, pero te ofrece algunas opciones que pueden ser útiles cuando deseas promocionar el uso de videos en este sitio.

La primera opción es usar la función de video nativo que ya está disponible a través de Twitter. Esta función te permitirá grabar videos de hasta 140 segundos de duración. Cuando termines estos videos, podrás subirlos directamente a la transmisión en tu perfil de Twitter. Si deseas facilitar las cosas y tus videos durarán aproximadamente dos minutos o menos, entonces esta opción puede ser una excelente escogencia. Si quisieras hacer algo un poco más o te gustaría utilizar algunas características adicionales, entonces es posible que desees ir con la segunda opción.

Otra opción que puedes utilizar cuando uses Twitter es Periscope. Esta es una aplicación de transmisión en vivo que realmente posee Twitter. Periscope puede integrar tu contenido en Twitter, lo que significa que, si haces una transmisión en vivo, esto se mostrará en los feeds de Twitter para tus seguidores. Luego, cuando termina la transmisión, esa grabación aún se mantendrá para que los espectadores puedan verla cuando sea más conveniente para ellos.

La segunda opción puede ser agradable porque tienes la oportunidad de salir en vivo. Esto atrae más atención de tus clientes potenciales porque pueden observarte, hacerte preguntas y mucho más. Agrégale a esto el hecho de que estos videos en vivo fueron capaces de obtener más de 31 millones de visitas en 2016, y más a medida que pasó el tiempo, y definitivamente te darás cuenta que ocasionalmente vale la pena agregar al menos algunos de estos videos a tus operaciones en Twitter.

Publicidad pagada con la ayuda de Twitter

Hay muchas opciones diferentes entre las que puedes elegir cuando se trata de anuncios de Twitter. Algunas de las mejores opciones que puedes elegir incluyen:

Tweets promocionados

Estos tipos de tweets son simplemente tweets que pagarás para que se muestren a las personas en Twitter que aún no te siguen. Pueden funcionar igual que los Tweets habituales, ya que otros pueden comentarlos, darles me gusta e incluso Retwittearlos como quieran. También se verán como Tweets regulares en muchos casos, aparte de que tendrán una "Etiqueta Promocionada" en ellos.

Estos Tweets aparecerán en la línea de tiempo (TimeLine) de los usuarios, o en su perfil, cerca de la parte superior de los resultados de búsqueda, e incluso en las aplicaciones de escritorio y móviles para Twitter. Esta es una excelente manera de discutir tu marca y dejar que los nuevos seguidores potenciales sepan más sobre ti. Si tienes cuidado con la forma en que los configuras, y los haces realmente informativos y valiosos, es probable que obtengas un montón de interacciones. Cuantas más interacciones, más personas verán el anuncio y más fácil será para ti obtener nuevos seguidores.

Cuentas promocionadas

Otra opción con la que puedes trabajar es una cuenta promocionada. A veces se las conoce como "campaña de seguidores". Ellas te facilitarán la promoción de la cuenta que estás utilizando para tus negocios con usuarios específicos que aún no te siguen, pero que pueden encontrar interesante parte de tu contenido. Esta puede ser una excelente manera de encontrar personas que ya estén interesadas en los temas de tu industria para que puedan comenzar a seguirte.

Estas cuentas aparecerán en el TimeLine de las personas que sigues. También pueden aparecer en las sugerencias y resultados de búsqueda de "A Quién seguir". Entrarán en la lista de las sugerencias que han sido promocionadas, pero también tendrán un botón "Seguir" para que tus clientes potenciales tengan la oportunidad de hacer clic y comenzar a seguir tu página.

Tendencias promocionadas

Cuando echas un vistazo a un tema en Twitter y notas que está en tendencia, esto significa que hay muchas personas en las redes sociales que hablan sobre este tipo de tema. Este es también un tema candente que Twitter seguramente colocará en el TimeLine de muchos de tus usuarios, en la aplicación de Twitter y en la pestaña Explorar. Si puedes hacer una tendencia promocionada, puedes promocionar el hashtag de tu elección y colocarlo en el mismo lugar para aumentar tu visibilidad en general.

Cada vez que uno o más de los usuarios en Twitter decide hacer clic en la tendencia que estás promocionando, podrán ver una lista orgánica de resultados de búsqueda que también tiene esa etiqueta específica. Lo que se muestra de manera diferente aquí, y lo que más te beneficiará, es que, con un Tweet promocionado, tu negocio será la primera opción que aparecerá en esta lista.

Entonces, las personas comenzarán a ver este hashtag y pueden usarlo para algunas de las publicaciones que también hacen. Esto te ayudará a ganar un poco más de exposición orgánica y, es probable, que las personas vean tu negocio como el mejor resultado debido a tu promoción. Esto garantiza que puedas obtener el mayor alcance posible para tu campaña.

Trabajando con los anuncios automatizados

Y el método promocional final que puedes utilizar cuando ingresas a Twitter es trabajar con un anuncio automatizado. Twitter tiene algo interesante que se conoce como el modo de promoción de Twitter. Este método funciona muy bien para aquellos que aún no están familiarizados o que no se sienten cómodos con el mercadeo en las redes sociales y que desean un poco de ayuda.

Si optas por esta opción, usarás alrededor de $ 99 al mes. Cuando está activado, los primeros diez Tweets que se hacen en el día se promocionarán automáticamente a la audiencia que hayas seleccionado, siempre que sean una audiencia objetivo de alta calidad según la clasificación hecha por Twitter. Las respuestas, los retuits y los tweets de citas no se incluirán en esto. También podrás trabajar con una campaña para una Cuenta Promocionada que esté en curso en todo momento.

Recuerda que, si eliges este modo, es posible que debas entrar en él y hacer los ajustes necesarios según sea el caso. Por ejemplo, tendrás que tomarte el tiempo para escribir los Tweets que se deben utilizar, debes decidir el público adecuado para los anuncios a los que te dirigirás y algunas otras cosas adicionales. Sin embargo, si puedes hacer esto, se estima que esta función de Twitter te ayudará a llegar a 30,000 personas adicionales y a ganar al menos 30 nuevos seguidores para tu negocio, por lo que podría valer la pena tu tiempo.

Como puedes ver, hay varios beneficios diferentes que vienen asociados al trabajo en Twitter. Twitter es una excelente manera de promocionar tu negocio y abrir la comunicación con tus clientes y lo hace de una manera que no se encuentra en otros sitios similares. En lugar de solo publicar información (aunque en ocasiones puedes hacerlo), pasarás tiempo conversando con tus clientes, interactuando con ellos y más. Twitter puede ser una gran idea para implementar tu campaña de mercadeo con el fin de aprovechar al máximo a tus clientes.

Capítulo 7: ¿Puede mi negocio beneficiarse de YouTube?

Lo siguiente que vamos a analizar es cómo puedes utilizar YouTube para ayudar a promocionar tu negocio. Este no es un sitio tradicional que mirarán muchas compañías. Si no les gusta la publicidad o algo creativo como eso, asumen que no podrán ver ningún resultado si optan por el mercadeo en YouTube.

La verdad es que cualquiera puede ver crecer su negocio si aprende a usar YouTube de la manera adecuada. Hay muchas cosas diferentes que puedes hacer en algunos de tus videos (a veces es solo una cuestión de pensar en lo que quieren sus clientes) o incluso simplemente pensar de manera innovadora y ver lo que puedes hacer. Echemos un vistazo a algunas de las cosas que puedes hacer con tus videos en YouTube y cómo puedes aumentar tu alcance en YouTube, tanto orgánicamente como a través de publicidad paga, sin importar qué tipo de negocio seas.

Videos optimizados para obtener más búsquedas y clics

Esto no es un gran secreto. Si deseas asegurarte de que puedes ver algo de éxito en YouTube, debes asegurarte de que todos tus videos estén optimizados para funcionar bien no solo en YouTube, sino también en Google. Al agregar la palabra clave correcta en los lugares correctos, como en tus descripciones, etiquetas y títulos, puedes hacer que sea mucho más fácil para los clientes encontrarte cuando realizan una búsqueda.

Necesitamos comenzar observando el título. De acuerdo a Google, se recomienda que uses primero la palabra clave en la que deseas enfocarte y luego la marca. Esto ayuda a que la búsqueda sea más amigable en un sentido de SEO. También puedes agregar una temporada y un número de episodio, si consideras que esto es relevante, pero colóquelos al final. Tu objetivo con este título es crear una imagen clara para que el cliente sepa lo que verá cuando haga clic allí, mientras mantiene su SEO para que seas más fácil de encontrar. Trata de mantener el título corto, amigable y que también vaya directo al grano.

Trabajar con etiquetas es otra cosa que también debes tener en cuenta aquí. Estas etiquetas son bastante simples y solo serán las palabras clave principales que se relacionarán con el video que estás creando. También le dirán a los demás de qué se trata tu video. En su mayor parte, se cree que YouTube se concentrará principalmente en las primeras etiquetas que escribas, así que trata de hacerlas lo mejor posible, o trata de mantener tus palabras clave más importantes en la zona delantera del título. Tu objetivo es utilizar los 120 caracteres que te dan, pero asegúrate de que sean relevantes para tu video y, de esta manera, obtener los mejores resultados.

La descripción va a ser el siguiente punto a tratar. Debes dedicar tiempo a este punto para asegurarte de que sea de alta calidad y obtengas toda la atención que deseas. Incluye un llamado a la acción para que los espectadores sepan lo que te gustaría que hicieran cuando terminen de ver el video. Puede ser algo así como pedirles que visiten tu sitio web o que vean uno de tus otros videos dependiendo de tu objetivo. Recuerda que las primeras oraciones de esta descripción aparecerán en los resultados de búsqueda, tanto en Google como en YouTube, así que asegúrate de poner mucho valor allí.

No escatimes en esto; intenta utilizar uno de alta calidad que atraiga a tu cliente y le ayude a escoger tu video sobre cualquiera de los otros que están disponibles. Tú quieres una imagen de 1280 X 720 píxeles. YouTube también puede generar una imagen miniatura o puedes subir una propia.

Cómo promocionar tus videos, así como tu canal de YouTube

Lo siguiente que debemos tener en cuenta, cuando se trata del alcance orgánico con tus videos, son los diferentes métodos de cómo puedes promocionar tus videos y tus canales. Hay tres maneras principales de obtener más vistas para los videos que estás creando y agregando a tu canal. Estas tres formas incluirán:

1. Obtener un rango más alto para las búsquedas de palabras clave en YouTube o Google.
2. Tener una base grande de suscriptores en YouTube
3. Promocionar tu canal y tus videos a través de otras páginas web.

La sección anterior ya tomó algo de tiempo para discutir las mejores formas de optimizar los videos en los que estás trabajando. Hacer crecer tu canal en YouTube, poder promocionar estos canales o videos en otros sitios web de tu propiedad será el siguiente tema a tratar. A veces esta puede ser la parte más desafiante de todo este proceso. Algunas de las formas en las que puedes ayudar a aumentar tus vistas y suscriptores a tus videos incluyen:

1. Promociona estos videos y tu canal de YouTube en los perfiles de las otras redes sociales. Debes incluir algunas etiquetas hash que sean relevantes en estas publicaciones para que tengas aún más alcance.

2. Comprométete con tus fieles seguidores. Cuando pasas tiempo mirando a través de la aplicación Panel del creador (Creator Dashboard en inglés), verás qué usuarios son los que están más comprometidos con el contenido que tú proporcionas. Puedes considerar involucrar a estos fanáticos de alguna manera para promover más adelante algunas relaciones con algunos embajadores de marca.

3. Agrega un widget para YouTube en tu blog. Puedes usar una herramienta como Tint para ayudarte a mostrar una serie de videos, que pueden ser propios o de otras personas o empresas, en un widget que vaya directamente a tu blog o sitio web.

4. Colabora con otros dueños de negocios que dirigen un nicho complementario: acércate a otros YouTubers y mira si están dispuestos a promocionar tus videos si promocionas los suyos. Incluso puedes considerar videos de marca compartida para usarlos en ambos públicos.

5. Interactúa con tus usuarios, tanto en sus videos como en los tuyos: las redes sociales verán los mejores resultados cuando interactúas y tienes un compromiso con otros usuarios, pero esto no significa que debas permanecer en tu propio canal. Deja comentarios que estén bien pensados en los videos y responde a cualquier comentario que dejen en el tuyo. Recuerda que cuantas más interacciones tengas con tus videos, mayor será la clasificación en tus búsquedas.

6. Comparte tus videos en tu lista de correo electrónico. Dirige la audiencia hacia los videos incrustados en tu sitio para aumentar las vistas a tu página y tus videos.

7. Inserta los videos en su blog o sitio web. Agrega videos a publicaciones existentes en tu blog, o incluso puedes crear nuevas publicaciones de blog que estén específicamente allí para promocionar tus

videos. Esto te ayudará a aumentar las vistas a tus videos y las vistas a tus páginas en el sitio web.

Hacer que tu alcance sea orgánico en YouTube puede llevar algún tiempo y puede que no suceda tan rápido como te gustaría. Pero es una excelente manera de asegurarse de que estás encontrando las personas que están realmente interesadas en el contenido que intentas proporcionar. También hay algunas opciones pagas con las que puedes elegir trabajar, pero si serán tan exitosas como el alcance orgánico del que acabamos de hablar, depende de tu audiencia, de los productos que estás tratando de vender y de otras cosas más.

Publicidad pagada en YouTube

También tienes la opción de hacer publicidad paga en YouTube para ayudarte a llegar a más clientes potenciales. Además, la publicidad paga a menudo será mucho más rápida que lo que tú puedes hacer de forma orgánica. En la plataforma de YouTube, puedes convertir cualquier video que ya esté en tu página en un anuncio, o puedes crear un video que desees utilizar específicamente como una publicidad. Con la orientación correcta de las palabras clave, puedes asegurarte que tu video sea uno de los primeros que aparezca en los resultados de búsqueda y que aparezca junto con otros videos similares cuando tu posible espectador esté en línea.

Los vendedores en YouTube tendrán algunas opciones que pueden usar cuando se trata de orientar y configurar sus anuncios en YouTube. Puedes orientarlos en función de una variedad de factores demográficos como palabras clave, género, edad, ubicación, etc. Incluso puedes elegir qué tan grande será el anuncio. A muchos vendedores les gusta ir con los anuncios más grandes que son de 850 por 250, aunque hay otras opciones con las que quizás quieras experimentar un poco para ver si funcionan para ti.

Si deseas asegurarte de que tus videos reciban un impulso cada vez que los pongas en línea, o si realmente quieres aumentar tu número de seguidores y tus ganancias en línea, entonces la publicidad en YouTube es una de las mejores opciones para ti. Para un vendedor que nunca ha trabajado en línea o con YouTube, las opciones pueden parecer abrumadoras, pero es una excelente manera de obtener un mayor alcance social, así como también puede ayudarte a despegar.

Hay muchas opciones de mercadeo disponibles cuando decides trabajar con YouTube, especialmente cuando estás haciendo publicidad paga. Los anuncios de YouTube son los más comunes de los que vas a utilizar. Y estos serán solo un video de tu elección. Por supuesto, nunca debes poner un video al azar. Debes elegir uno que sea de alta calidad, uno que creas que puede volverse viral si es posible (esto es algo difícil de predecir, pero si le apuntas a un buen video que sea pegadizo, podría suceder) y uno que pueda hacer que los espectadores se dirijan a tu canal para ver qué otros videos pueden comprar.

Si eres capaz de hacer un buen video, uno que tenga un buen gancho al principio, que mantenga a los clientes en el video en lugar de hacer clic para salirse de él, aumentará el alcance que tienes en línea. Esto te ayudará a obtener los resultados que deseas y garantizará que el retorno de tu inversión, al publicar estos anuncios, sea lo más alto posible.

¿Qué es TrueView?

Una característica interesante que puedes explorar cuando se trata de publicidad en YouTube es la idea de TrueView. Esto es algo de lo que probablemente escuches muy pronto cuando empieces a comercializar. Esta característica es básicamente, una característica en la que YouTube puede crear algunos comerciales que son muy similares a los que se pueden ver en otros servicios de transmisión o televisión en línea. En realidad, esta va a ser una forma de publicidad altamente exitosa utilizando YouTube y una de la que tú como empresa deberías sacar el máximo provecho.

Cuando estés buscando hacer un anuncio TrueView, básicamente tendrás que comenzar creando un video corto para lo que quiera promocionar, ya sea tu canal, tu marca, un producto u otra cosa. Tu objetivo aquí, en la mayoría de los casos, es conseguir que cualquier cliente potencial que vea el anuncio, realmente aprenda más sobre la compañía.

Luego, YouTube tomará estos videos y los colocará al comienzo de otro video que se está monetizando. Hay muchas personas e incluso empresas por ahí que publican videos y luego ganan dinero cuando los anunciantes ponen sus videos al inicio, o a veces en el medio, de esos videos. Esto ayuda a esas personas a ganar dinero en línea y te garantiza a ti que puedes ganar más espectadores.

Ahora, para que esto funcione, el video que deseas publicar debe ser monetizado. Es por eso que todavía hay algunos videos que aparecen en YouTube que no tienen comerciales en ellos. Si la persona que lo publicó no monetiza sus videos, significa que no van a tener anuncios publicitarios y que tampoco van a ganar dinero de los anunciantes en los videos. Esto puede ayudar a dirigir tu búsqueda cuando llegue el momento de averiguar en qué videos deseas publicar y en cuáles no.

Sin embargo, TrueView tampoco es la única forma en la que puedes trabajar para anunciar tu empresa en YouTube. Otra opción es trabajar con anuncios InDisplay. Este tipo de anuncios se mostrarán como una miniatura al lado del video que el espectador está mirando durante ese tiempo. A veces estos se verán similares a los anuncios PPC que usarán otros sitios de redes sociales, pero también vendrán con un pequeño video miniatura sobre el negocio o el video. Desde aquí, los espectadores pueden elegir si desean hacer clic en estos anuncios. Esta es una excelente opción si deseas promocionar otros videos que pueden estar presentes en tu canal en este momento. Estos anuncios InDisplay son una buena manera de reiniciar una campaña que es viral o comenzar a hacer que la gente vea muchos de tus videos a la vez.

Hay muchas opciones diferentes que puedes utilizar cuando se trata de TrueView, y puedes ser un poco creativo con la finalidad de destacare dentro de la multitud. Sin embargo, notarás que cuando uses algunos de estos anuncios TrueView, no se te facturará de la misma manera que te lo harían por un anuncio de AdWords regular que coloques en Google.

Los anuncios InStream se facturarán en un formato de costo por vista. Esto significa que se te cobrará cada vez que alguien haga clic en tu anuncio y luego permanezca allí durante un mínimo de 30 segundos. Si esto sucede, independientemente de la conversión o no, tendrás que pagar. Si el espectador no hace clic en el anuncio o no se queda durante los 30 segundos, entonces no tendrás que pagar por eso.

Ahora, realmente debes asegurarte de que estás creando videos de alta calidad y que mantendrás el interés de tus espectadores hasta que lleguen al llamado a la acción y realicen la acción que deseas. Los espectadores de YouTube no están atados a los anuncios publicitarios. Esto significa que los espectadores pueden omitirlos después de tres segundos, tanto en una PC como en su dispositivo móvil. Si el video no les interesa, podrán saltearlo sin tener la oportunidad de saber mucho sobre ti o tu empresa.

Esto te permite estar más al frente de otras personas y algunos espectadores. Si hiciste bien el video y tuviste un buen punto de enganche al principio, pueden recordarte y dirigirse a tu canal para ver más. Pero esto significa que los estándares son altos. Si simplemente asumes que cualquier video antiguo va a hacer el truco, no se te ocurre algo que sea de alta calidad y que llame la atención, entonces terminarás con mucha gente omitiendo los anuncios que están creando

Los anuncios de los que hemos hablado aquí caerán en el formato de pago por vista, así que ten esto en cuenta. Lo que esto significa es que se te cobrará cada vez que uno de tus clientes potenciales haga clic en la miniatura del video y lo vea en su página. Si el cliente ve el comercial, pero en realidad no hace clic en él, no se te cobrará en ese momento. Pero cada vez que un cliente hace clic, incluso si no termina el video, se te cobrará por eso.

Las anteriores son las dos alternativas principales que tendrás cuando llegue el momento de trabajar con la opción de publicidad paga en YouTube. Tener un buen plan, comprender cómo funciona cada uno y si va a ser la mejor opción para ti es muy importante cuando estás tratando de establecer una campaña que funcione para tus necesidades. Pero lo más importante que necesitas hacer, sin importar si estás trabajando en tu enfoque orgánico o publicidad paga, es la calidad de tu video.

La gente no verá automáticamente tu negocio y luego hará clic en el enlace para realizar una compra. Necesitas darles algo para incentivarlos a que vayan allí, un buen video puede ser un buen comienzo. Muéstrales sobre tu empresa. Muéstrales lo que puedes ofrecer. O encuentra algo más que puedas poner en tus videos para realmente impresionarlos y convencerlos de que vale la pena verlos. Sin este video pegadizo y sin ningún incentivo para que al menos se dirijan a tu sitio web, el mercadeo en YouTube no tendrá valor para ti.

Capítulo 8: Finalizando con LinkedIn

El último sitio de redes sociales en el que vamos a pasar algún tiempo ahora es LinkedIn. Este no es un sitio de redes sociales tradicional que puedas considerar. Conocido como un lugar para que los jóvenes profesionales se reúnan y tal vez incluso encuentren su primer trabajo al salir de la universidad, pareciera que no es el mejor lugar para encontrar a quienes deseen comprar tus productos. Sin embargo, si puedes usar LinkedIn correctamente y tienes el tipo correcto de productos o servicios, puede ser una forma realmente exitosa de obtener ingresos, aumentar tus ingresos y tus ventas en poco tiempo.

LinkedIn será una excelente manera de promocionar tu propio negocio. De hecho, hay muchos beneficios diferentes de usar este medio. Algunos de los principales beneficios que afectarán tu negocio (y por qué debería considerar la comercialización en este sitio de redes sociales) incluirán:

1. Se estima que hay al menos 65 millones de profesionales de negocios en este sitio. Estos

profesionales no son solo de los Estados Unidos, sino de todo el mundo.

2. El miembro promedio en LinkedIn tiene un ingreso familiar promedio anual de $ 109,000. Esto está muy por encima del promedio de la mayoría de las familias, lo que significa que tienen algunos ingresos disponibles para los productos correctos.

3. Se estima que una persona va a realizar un inicio de sesión de LinkedIn cada segundo. Esto significa que tu mercado crecerá con el tiempo, ayudándote a llegar a más y más personas también.

4. Casi la mitad de los miembros en LinkedIn tendrán la autoridad para tomar decisiones por sus empresas. Si puedes interactuar con ellos y comunicarte con ellos en el momento adecuado, eso podría ser muy beneficioso para ti.

Si tu negocio está buscando crecer a través de tutorías, referencias y redes, entonces es fácil ver por qué te gustaría pasar un tiempo en LinkedIn. Al igual que algunas de las otras formas de comercialización en línea que hemos analizado, la comercialización de una pequeña empresa será económica en LinkedIn (incluso puede configurar el perfil de forma gratuita) y es extremadamente eficaz.

Cómo comenzar con el mercadeo

Ahora que tenemos una idea de los beneficios de LinkedIn y algunas de las razones por las cuales tu negocio se beneficiaría al usarlo, es hora de que aprendas algunos de los pasos en los que puedes trabajar para obtener el mayor éxito con LinkedIn.

Los primeros pasos en los que debes trabajar, para ver la mayoría de los resultados con LinkedIn, es asegurarte de crear su propio inicio de sesión, si aún no eres miembro de este sitio. También debes pasar un tiempo en el perfil. Desea utilizar las palabras clave correctas y la información correcta para asegurarte de que otros sepan cómo tu empresa puede ayudarlos.

Tu objetivo aquí es asegurarte de que tu perfil sobresalga y puedas atraer a más clientes hacia ti.

A menos que estés trabajando en tu negocio como un profesional independiente, puede ser una buena idea crear una página de empresa en LinkedIn para el negocio. Podrás configurar ese perfil como una nueva página comercial mientras trabajas en la parte del currículum de tu perfil. La página de tu empresa se puede vincular desde el currículum que pusiste en tu perfil. Con estos elementos básicos para tu perfil de LinkedIn, puedes comenzar a comercializar tu negocio a otros que están en este sitio de redes sociales.

Publicidad en LinkedIn

Habrá dos formas en que puedes decidir sumergirse en promociones y publicidad en LinkedIn. Puedes optar por la acción proactiva o el enfoque pasivo. No importa con qué enfoque decidas ir, cuanto más tiempo y más esfuerzo decidas poner en el trabajo de mercadeo en este sitio de redes sociales, mayores serán las recompensas.

Entonces, primero vamos a echar un vistazo a algunas de las cosas que te gustaría hacer con el mercadeo pasivo en LinkedIn. Simplemente crear tu propio perfil, trabajar en algunas conexiones y asegurarse de mantener actualizada tu cuenta podría ser suficiente para ayudarte a atraer la atención de socios, personas influyentes, consumidores de tu producto o clientes de tus servicios con los que te gustaría trabajar.

Esto a veces parece demasiado fácil para ser verdad. Pero en realidad sí puede proporcionarte una serie de beneficios en el proceso. Algunos de los beneficios que podrás obtener con el método de mercadeo pasivo incluirán:

1. Ganar algo de exposición a las personas que buscan tus servicios o productos. La función de búsqueda en este sitio permitirá que otros usuarios te encuentren cuando estén buscando los productos y servicios que ofreces.

2. Conseguir que encuentres clientes potenciales. Tus contactos comerciales en este sitio te ayudarán a entrar en los negocios y las personas que necesitas, a muchos de los cuales es posible que no puedas comunicarse con otros métodos.

3. Mostrar tus recomendaciones cuando otros las dan en el sitio. Las recomendaciones son básicamente testimonios de boca en boca para tu negocio y para ti. Ellos demostrarán cuán creíble eres y alentarán a las personas a hacer negocios contigo.

El siguiente punto en lo que debe enfocarte aquí será en las técnicas de mercadeo más proactivas. Como la mayoría de las otras tácticas que pudieras ser capaz de utilizar cuando estás en este sitio, cuanto más activo seas, más rápidos y efectivos serán los resultados. También hay algunos pasos con los que puedes trabajar para atraer también a más clientes.

Primero, asegúrate de publicar actualizaciones regularmente. Asegúrate de que tus clientes estén al día con lo que deseas trabajar y lo que vas a hacer en el futuro. Incluye actualizaciones que serán de mayor interés para tus consumidores potenciales y clientes. Concéntrate en informarles cómo lo que estás haciendo podrá ayudar a tus clientes a alcanzar sus objetivos.

Luego, invierte un tiempo participando en grupos. Sin embargo, debes elegir los grupos correctos. Elige los que sean de tu propio interés y negocio. La participación en la discusión hará que otros te vean como un experto en tu campo. Por supuesto, no vayas a estos grupos y luego comiences a enviar correos no deseados (spam) todo el tiempo. Asegúrate de estar allí agregando valor. Responde las preguntas de tus clientes, haz publicaciones que agreguen valor y solo promociona tu negocio cuando sea el momento.

Mientras estés en este sitio, asegúrate de enviar invitaciones y mensajes a aquellos que están en tu red, así como también a aquellos que están en los grupos a los que perteneces. Una vez más, no deseas convertirte en un creador de spams ni molestar a otros. Tu objetivo es crear las conexiones correctas y la mejor manera de realizar esto es hacerlo beneficioso para la otra persona y para ti.

Mientras haces todo esto, debes asegurarte de examinar algunas de las opciones que vienen con la publicidad, así como también con una membresía mejorada y pagada en este sitio. Esto te dará más beneficios que te ayudarán a hacer crecer tu negocio más y también más opciones para obtener contactos. La publicidad en LinkedIn todavía se ve como una gran ganga mientras que todavía haces crecer tu negocio rápidamente.

Crear una campaña publicitaria de LinkedIn

Ahora que hemos analizado algunas de las diferentes cosas que puedes hacer con tu cuenta, es hora de aprender cómo crear tu propia campaña publicitaria. Para comenzar con este tipo de campaña, necesitarás tener algunas cosas, incluyendo un video, si lo deseas, alguna copia del anuncio publicitario, una buena comprensión de la audiencia con la que deseas trabajar y tu propio perfil.

Una vez que estés listo, necesitas ir a tu página de inicio de sesión y a la parte de Anuncios de LinkedIn. Luego hacer clic en "Comenzar". Luego podrás ver dos tipos diferentes de opciones para las campañas que puede ejecutar: "Crear un anuncio" y "Patrocinar una actualización". Vamos a echar un vistazo a la creación del anuncio, pero si crees que el otro tipo también te puede ayudar, puedes hacerlo también.

Entonces, primero debemos echar un vistazo a la creación de tu anuncio. Habrá algunas áreas diferentes que deberás completar antes de poder hacer que esto funcione bien para tus necesidades. Parte de la información que debes completar para aprovechar al máximo tus anuncios va a incluir:

1. Nombre de la campaña. Debes crear un nombre que a ti te gustaría encontrar para tu campaña. Esto puede mantener las cosas organizadas y facilita la búsqueda de la información que necesitas.
2. Idioma del anuncio: Puedes elegir entre algunas opciones cuando se trata del idioma que deseas para tu anuncio. Asegúrate de

enumerar esto dentro de tus cosas pendientes para ayudarte a comenzar.

3. Tipo de medio: Puedes elegir un anuncio tradicional y todo su formato, o puede ir con un video que incluirá un botón en la imagen para iniciar el video.

4. Destino del anuncio: Esto te permitirá agregar algún tipo de enlace al anuncio. Puedes volver a vincular tu página de perfil u otra URL según tus necesidades. Si estás tratando de dirigir el tráfico al sitio web de la empresa, por ejemplo, querrás agregar esa URL hacia allá para que los usuarios hagan clic en el anuncio y, con suerte, obtengas algunos ingresos en el proceso.

5. Diseño del anuncio: Ahora debes trabajar en el diseño cuando se trata de tu anuncio. Deseas crear un título y una descripción. El título se limitará a solo 25 caracteres y su descripción es de 75 caracteres. Haz que ambos sean cortos y agradables para ir directo al punto que quieres transmitir.

6. Variaciones de anuncios: Una de las cosas interesantes que puedes hacer con LinkedIn es que puedes elegir entre más de una variación para los anuncios que deseas hacer. Puede elegir agregar tu perfil o una URL externa.

Puedes elegir dónde deseas que ubiquen el anuncio.

a. Ten en cuenta que cuando trabajas en LinkedIn, estás trabajando con publicidad de empuje (push) en lugar de publicidad de halado (pull). Lo que esto significa es que la audiencia que estás buscando realmente no está buscando el producto que tienes. Esto significa que necesitas poder hacer anuncios que realmente se destaquen y llamen la atención de las personas.

Lo siguiente en lo que debes centrarte aquí es en la orientación. Debe decirle a LinkedIn dónde deseas que envíen los anuncios. ¿Tienes una audiencia específica en mente? Si no conoces a tu audiencia, es hora de investigar un poco y averiguar a qué grupo de personas te gustaría dedicar tu tiempo enviando el anuncio.

LinkedIn, como los otros perfiles de redes sociales, te permitirá trabajar con muchas opciones cuando se trata de enfocar tu objetivo. Puedes elegir tu audiencia en función de su género, su edad, dónde trabajan, sus intereses, su vida familiar, dónde viven y otras características más. Puedes agregar cualquier tipo de orientación que desees a la mezcla para ayudarte a llegar a la persona correcta, la que tú deseas.

Antes de enviar el anuncio al mundo en este sitio, asegúrate de configurar el presupuesto con el que te gustaría trabajar. Debes asegurarte de decirle al sitio cuánto estás dispuesto a gastar en la campaña. Puedes elegir una cantidad diaria con la que te sientas cómodo, o incluso un monto total para toda. Piense en cuanto alcance te gustaría tener y luego calcula el presupuesto que funcione mejor para esto.

LinkedIn puede no ser la opción en la que mucha gente piense cuando se trata de comercializar su negocio. Pero hay millones de usuarios en este sitio y es un gran lugar para que realmente llegues a los clientes que necesitas, incluso antes de que sepan que necesitan tu producto. Hacer un poco de trabajo orgánico y publicidad pagada asegurará que puedas llegar a los clientes que necesitas.

Capítulo 9: Aplicar esto a su negocio

Ahora que hemos tenido tiempo para analizar los diferentes tipos de redes sociales y cómo van a funcionar juntas unas con otras, es hora de aprender algunas de las cosas que puedes hacer para asegurarte de que puedes hacer crecer tu negocio con las redes sociales. Debes asegurarte de que realmente puedes aprovechar algunos de los beneficios y las características maravillosas que vienen con las redes sociales e implementarlas en tu negocio, sin cambiar la forma en que brindas un servicio de calidad, así como otros beneficios. Algunas de las cosas que puedes hacer para asegurarte de que estás aplicando correctamente las redes sociales en tu negocio, sin importar qué tipo de establecimiento es, incluye:

Definir tus objetivos para las redes sociales

Antes de visitar cualquiera de los sitios de redes sociales de los que hemos hablado anteriormente, debes asegurarte de haber podido establecer algunos objetivos sobre lo que deseas obtener de cada una de ellas. Si solo entras en esto sin un plan y solo comienzas a publicar cosas de manera aleatoria, en momentos aleatorios y nunca te comunicas con tus clientes potenciales cuando dicen algo o hacen una pregunta, entonces vas a terminar alienando a los demás y malgastando tu tiempo y tu dinero.

Tener algunos objetivos claros será la mejor manera de prepararte para trabajar en estos sitios de redes sociales. Sabrás qué publicar, cuándo publicar, cómo interactuar y reunirte con tus clientes. Esto asegura que toda tu publicidad en estos sitios, ya sea orgánica o paga, tendrá el mayor éxito posible.

Siempre se consistente

No obtendrá los clientes que desea si no te puedes mantener constante en la forma como publicas en línea. Tus clientes se cansarán de esperar tus publicaciones si han pasado un par de semanas o más. Y no funciona publicar un montón un día, luego no volver a publicar hasta una semana más tarde, luego tener unos días buenos y luego quedarse en silencio. Es necesario que haya cierta coherencia en lo que estás haciendo si deseas tener alguna posibilidad de captar el interés de tus clientes y mantenerlo.

Cuando se trata de las publicaciones que realizas, el mensaje que estás enviando y la frecuencia con la que estás en las redes sociales, debes ser constante todo el tiempo. Esta es realmente una de las cosas que importantes cuando se trata de determinar si realmente tienes éxito con las redes sociales o no.

Tu objetivo aquí es hacer un plan para esto. Piensa de antemano en lo que te gustaría publicar, con qué frecuencia te gustaría publicar y luego mantente apegado a este plan. Es ideal si puedes publicar varias veces al día para mantener a las personas interesadas en ti, pero tú tienes que aferrarte a tus objetivos y tus seguidores. Pero no puedes pasar de una programación de publicación con una frecuencia de una vez al mes a otra de cinco veces al día, luego regresar a una vez al mes y luego preguntarte a ti mismo por qué no tienes seguidores que estén comprometidos con tu marca.

Si es necesario, considera sentarte al comienzo de la semana, o tal vez con algunas semanas de anticipación y calcula tu publicación. Incluso hay herramientas con las que puedes trabajar para hacer las publicaciones por ti. Luego, puedes hacer listados con todo, con el contenido, los horarios y luego dejar que la aplicación haga la publicación por ti, asegurando que te mantienes comprometido con tus clientes y que no te salgas de tu agenda.

Considera el sitio de redes sociales que deseas usar

Es posible que un sitio de redes sociales funcione para una empresa, pero simplemente no funciona para ti. Y tal vez hay quienes parecen estar en todos los sitios de redes sociales a la vez y pueden mantenerse al día con todo, pero el simple hecho de pensarlo te agota. Lo bueno de esto es que no necesitas seguir lo que ha funcionado para otros. Necesitas encontrar lo que funcionará mejor para tus necesidades.

Experimenta un poco aquí y descubre dónde está tu audiencia y dónde puedes servirles mejor. Sí, todos pueden beneficiarse de poner sus negocios en línea y usar las redes sociales. Pero eso no significa que debas estar en todas partes todo el tiempo. De hecho, es posible que sea mejor si puedes quedarte con los dos o tres que puedan funcionar mejor para ti. Esto te permitirá concentrarte realmente en la información que estás publicando y garantizará que realmente puedes prestar atención a lo que estás haciendo allí

Además, aprenda a impulsar las redes que funcionan mejor para ti. Habrá algunas redes que parecen funcionar mejor para ti en comparación con las demás. Cuando descubras que hay una red que parece funcionar mejor para tu negocio o para el cliente que tienes, entonces es hora de impulsar esa red e intentar aprovecharla lo más posible. Echa un vistazo a algunos de los análisis disponibles y luego cambia tu campaña de mercadeo para que se ajuste.

Asegúrate que tu contenido sea el mejor para cada plataforma.

Si tienes más de un sitio de redes sociales con el que deseas trabajar, asegúrate de tener cuidado con el contenido con el que está trabajando. Mantener cuentas en todo esto llevará algún tiempo y no deseas publicar exactamente las mismas imágenes, publicaciones y otras cosas en todas ellas. Debes trabajar para formatear parte del contenido que está específicamente diseñado para cada plataforma en la que te encuentres.

Por ejemplo, si está trabajando con Instagram, te centrarás en los dibujos, imágenes y videos para atraer a los clientes. Con LinkedIn te irá mejor con algunas publicaciones más largas. Los memes y videos serán geniales para Facebook. Y cuando se trata de Twitter, debes trabajar con anuncios rápidos y breves. Todas estas publicaciones deben ser diferentes, incluso si está enviando el mismo mensaje cada vez.

Verifica que tu mensaje y tu contenido estén alineados

El siguiente punto donde debemos centrarnos es en asegurarnos de que todo el contenido que coloques en las redes sociales esté alineado con el mensaje que deseas enviar, el mensaje que viene con tu negocio. Está bien compartir algo que encuentres interesante o divertido en ocasiones. Pero si todo el tiempo solamente publicas cosas al azar, puedes desviarte demasiado de su mensaje comercial, confundir a sus clientes y derribar lo que estás tratando de hacer en las redes sociales.

Cuando llegue el momento de aumentar tu presencia en las redes sociales, obtener "seguidores" y "me gusta" será algo grandioso. Sin embargo, debes mirar más allá de la cantidad de respuestas que puedes obtener con tus publicaciones. Hay mucha tentación para que solo realices publicaciones que llamen la atención, pero si nadie está trabajando con ellas, haciendo clic en ellas y si no están alineadas con el mensaje que deseas publicar, entonces realmente no estás haciendo tu trabajo.

Si luchas con esto, entonces es hora de traer a alguien que pueda ayudarte a trabajar contigo en esto. Ve si puedes encontrar a alguien que pueda revisar tu contenido y verifica que estés alineado de la manera que deseas. Si el negocio es más grande, entonces ya debería haber alguien para ayudarte con esto. Si tú eres la única persona que lo ejecuta, entonces es hora de encontrar un amigo, familiar de confianza o alguien a quien contrates, que pueda hacer esto por ti.

A veces, tu contenido importante no va a ser tan popular

Es tentador publicar solo cosas que tienen mucha popularidad, o aquellas cosas que sabes que a tus clientes les encantarán. Pero luego hay ocasiones en las que tendrás que enfrentarlo y asegurarte de publicar información importante, aunque no sea tan popular.

Descubrirás que a veces habrá contenido que automáticamente no te dará muchos "compartidos" o "me gusta". Estos pueden incluir cosas como publicaciones de blog importantes, funciones de prensa, publicaciones de caridad y testimonios. Estas siguen siendo piezas de contenido importantes que deben aparecer. Sin estos, encontrarás que es realmente difícil establecer la validez que tu negocio tiene en el mercado.

A pesar de lo importancia que tienen, ellos no van a ayudarte a obtener muchos puntos de popularidad y no reciben mucha atención. Esto no significa que debas dejar de publicarlos. Sí, puede que estas no sean las publicaciones más populares que realices, pero serán la base que necesitas para que tu empresa crezca y despegue de la tierra.

Aprenda a equilibrar tu negocio y popularidad

Tu sitio de redes sociales profesional está destinado a ser para tu negocio, para ayudar a otros a descubrirte y realmente ayudarte a crecer. Es por eso que necesitas publicar algunas de esas cosas que no son tan populares. Sin embargo, esto no significa que no necesites trabajar en publicaciones para obtener la atención que deseas. Está bien trabajar un poco para obtener algo de popularidad, ya que esto te brinda la atención, las acciones y otras cosas adicionales, que necesitas para hacer crecer tu base.

En pocas palabras, no hay nada de malo en ser popular en tu propio sitio de redes sociales. Esto puede ser confuso, pero debes asegurarte de tener un buen equilibrio entre hacer crecer tu negocio, verte realmente profesional y asegurarte de que eres popular. Necesitas tener un poco de ambos y mezclar el lado más divertido que quiere ser popular con el lado que es tanto informativo como serio y que puede aumentar la reputación de tu negocio en general.

No olvides parte del trabajo orgánico puede ayudarte.

Si bien pasamos mucho tiempo hablando de todas las grandes cosas que puedes hacer cuando se trata de publicidad paga en una amplia variedad de plataformas de redes sociales, también es importante trabajar en tu alcance orgánico. Si bien el alcance orgánico no parece ser tan eficiente como la publicidad paga, debes dedicar un tiempo a ello. Esto le va a parecer más natural a tus clientes y realmente hará que la publicidad paga sea más efectiva.

Hay muchas cosas diferentes que puedes hacer para ayudarte obtener el alcance orgánico que estás buscando. Puedes publicar de forma coherente, puedes asegurarte de que las publicaciones que estás utilizando proporcionen un gran valor a tus clientes, debes usar imágenes de alta calidad con tus publicaciones (sin importar en qué sitio de redes sociales te encuentres) y debes asegurarte de interactuar y comunicarte con tus seguidores. Esto significa que, si tienes un seguidor que está comentando tus publicaciones o alguien que te envía un mensaje, debes asegurarte de responder de manera oportuna.

Cuando pasas este tiempo trabajando en la construcción de una relación con tus clientes, es mucho más fácil trabajar con la publicidad paga que deseas. Ya tendrá una buena relación con tus clientes y eso garantizará que tu presupuesto publicitario pagado vaya mucho más lejos en general.

Cómo tu público objetivo puede ayudarte a elegir los sitios de redes sociales adecuados

Tu público objetivo será muy importante con cada tipo de mercadeo que realices. Y es especialmente importante cuando trabajas en las redes sociales. Sin esto, vas a perder mucho tiempo y dinero tratando de averiguar qué sitios visitar, qué tipo de anuncios hacer e incluso cómo orientar los anuncios que estás utilizando.

Antes de siquiera pensar en unirte a un sitio de redes sociales, es una buena idea realizar un estudio profundo de todos los puntos de vista de tu público objetivo. Espero que hayas podido hacer esto desde el principio, pero si no, entonces este es el momento de hacerlo. Piensa en el cliente perfecto. Si pudieras entrar en un gran grupo de personas y elegir a cualquiera para que fuera tu cliente, ¿quién sería esa persona? ¿Dónde viviría, cómo luciría, cuáles son algunos de sus intereses, su edad, su vida matrimonial, su educación? y cualquier otra pregunta que te lleve a conocer a tu cliente perfecto.

Encontrar las respuestas a estas preguntas asegurará que puedas encontrar los resultados que deseas a largo plazo. Una vez que hayas configurado un buen público objetivo, podrás visitar y elegir el sitio de redes sociales que funcionará mejor para ti. También se vuelve mucho más fácil saber cómo comercializarles, con qué tipo de anuncios necesita trabajar y muchas cosas más.

Usa esos análisis

Todos los sitios de redes sociales que están disponibles te ofrecerán algún tipo de análisis. Tendrás que mirar a cada uno de ellos de manera individual para resolver las cosas, pero aun así es importante dedicar tu tiempo y atención. Esto puede ayudarte a saber más sobre tus clientes, aprender dónde encontrarlos y descubrir qué está funcionando y qué no en tu campaña de mercadeo en redes sociales.

Debes verificar estos análisis de forma regular. Estos te mostrarán qué funciona y qué no. Hay muchas opciones diferentes que puedes hacer con cada uno de los sitios de redes sociales, pero no todas funcionarán de la mejor manera para tus necesidades. Tener una buena idea de lo que funciona para ti y lo que no funciona es exactamente lo que deseas buscar cuando estudias tus análisis.

Al principio, puedes comenzar probando un poco de todo. Esto no es algo malo. Te permite distribuir tu presupuesto a la vez que te permite ver qué funciona y qué no. Si solo pones tu dinero en una cosa y no en otra cosa, y esa opción no funciona, entonces podría ser una gran cantidad de dinero desperdiciado en el camino. Ser capaz de distribuir tu presupuesto con algunas opciones diferentes hará una gran diferencia.

Una vez que tengas la oportunidad de probar algunas opciones diferentes, es hora de probarlas. Los análisis te permitirán descubrir qué está funcionando, qué puede necesitar algunos ajustes y qué debes evitar por completo porque no está funcionando para tu negocio o tus clientes. Debes asegurarte de hacer esto con cada sitio de redes sociales. Es posible que descubras que algo funciona en uno de esos sitios y que no funciona en el otro. Todo depende de la audiencia a la que llegues en cada parte. Tener este conocimiento y darles un buen uso a tus necesidades hará que realizar tu presupuesto para mercadeo sea mucho más sencillo.

Las redes sociales pueden ser beneficiosas para cada negocio, pero tampoco existe una "talla única" para todos cuando se trata de esto. Ser capaz de unir los beneficios, aprender lo que funciona y lo que no funciona para ti será el truco que necesitas aprender para obtener realmente los resultados que deseas. Sigue los consejos anteriores, adquiere conocimiento, aprende a publicitar y comercializar todas las diferentes opciones de las que hablamos a lo largo de esta guía y podrá aprovechar al máximo tu mercadeo en las redes sociales.

Conclusión

Gracias por haber llegado hasta el final de *Mercadeo en las Redes Sociales: una Guía Estratégica*. Esperemos que haya sido informativo y capaz de proporcionarte todas las herramientas que necesitas para alcanzar tus objetivos, independientemente de cuales sean.

El siguiente paso es decidir dónde te gustaría trabajar en las redes sociales. Intentar llegar a todas las plataformas de las que hablamos anteriormente parecerá abrumador y, en su mayor parte, no es necesario. Por lo general, solo hay algunas de esas plataformas a través de las cuales podrás llegar a tus clientes (y no necesitarás ir más allá). A estas alturas, debes tener una buena idea de las dos principales, quizás tres, plataformas de redes sociales que son las más interesantes o útiles para ti, y luego comenzar desde allí.

Esta guía te ha proporcionado la información que necesitas para comenzar en las redes sociales y ver los resultados que deseas. Analizamos cómo acceder a las cuentas, cómo lograr un alcance orgánico que no te costará nada y que puede ser muy poderoso e incluso también algunos los pasos para hacer publicidad paga.

Ahora que estás preparado y comprendes la importancia de las redes sociales y los pasos que debes seguir para comenzar con tu propia campaña de mercadeo, ¡asegúrate de comenzar hoy mismo a poner en práctica la ayuda recibida en esta guía!

Dominio del marketing de Instagram

Conozca los últimos secretos para transformar su pequeña empresa o marca personal con el poder de la publicidad de Instagram para principiantes; conviértete en un famoso influencer

Por Leonardo Gómez

Índice

Introducción

Felicitaciones por comprar Instagram Marketing Mastery y gracias por hacerlo. El mundo se está digitalizando rápidamente, cada vez con más herramientas tecnológicas y software que surgen cada día. Esto ha impactado significativamente la forma en que se manejan las empresas, especialmente cuando se trata de mercadeo. El mercadeo digital es un aspecto que se ha vuelto más desenfrenado en el mercado actual. Las redes sociales, principalmente Instagram, han jugado un papel preponderante cuando se trata de la comercialización de diferentes productos. La descarga de este libro es el primer paso para comprender cómo dominar el arte del mercadeo a través de Instagram y hacer crecer tu negocio.

Los siguientes capítulos destacarán algunos de los componentes principales, del mercadeo a través de Instagram, que debes conocer antes de aventurarte a cargar tu producto para que los clientes potenciales puedan verlo y comprarlo. Es decir, el libro te permite tener una comprensión más profunda del mercadeo de Instagram. Luego, aprenderás un tutorial paso a paso sobre cómo publicar con éxito tu producto. Siendo Instagram un activo para Facebook, si has vendido una o dos veces en Facebook, entonces el proceso es bastante similar. Si no, entonces este libro es lo que has estado buscando.

Hay muchos libros sobre este tema en el mercado, ¡gracias de nuevo por elegir este! Se hizo todo lo posible para garantizar que esté lleno de tanta información útil como sea posible. ¡Por favor, disfrútalo!

Capítulo 1: Los fundamentos de Instagram y por qué deberías usarlo

En este capítulo, aprenderás sobre los conceptos básicos de Instagram, hasta cómo puedes crear una cuenta utilizando las funciones muy avanzadas. También descubrirás por qué deberías usar Instagram para promocionar tu producto o comercializar tu negocio. ¡Sigue leyendo para descubrirlo!

¿Qué es Instagram?

Instagram es una plataforma de redes sociales creada para compartir videos y fotos. Se lanzó por primera vez en octubre de 2010 y en ese momento solamente estaba disponible en dispositivos iOS. En abril de 2012, Instagram estuvo disponible en dispositivos Android. Facebook, propiedad de Mark Zuckerberg, compró el servicio en 2012 y desde entonces lo ha mantenido.

Al igual que otras plataformas de redes sociales, Instagram te da la oportunidad de seguir a los usuarios que te interesan. Crea una fuente de noticias o feed en la página de inicio que muestra las publicaciones recientes de las personas que sigues. El feed de Instagram es lo primero que verán los usuarios que entren en tu perfil. Puedes comentarlos o darles "me gusta", según lo que prefieras.

Además de publicar videos y fotos que se quedarán en tu perfil permanentemente, Instagram creó la última incorporación en forma de Historias. Aquellos de nosotros que hemos usado Snapchat antes, estamos familiarizados con esto. Las historias de Instagram te permiten compartir una o más fotos y videos en una serie continua. Cualquiera puede ver las publicaciones en las historias de Instagram dentro de las siguientes 24 horas, después de las cuales caducan automáticamente.

Instagram también admite mensajes directos para que puedas chatear (tener pequeñas charlas entre usuarios conectados a una red) con personas de forma privada. Tiene la libertad de explorar los perfiles de otras personas para averiguar en qué persona podrías estar interesado.

¿Cómo usar Instagram?

Cuando descargues Instagram, te darás cuenta de que la aplicación tiene muchas funciones y, para los nuevos usuarios, puede ser un desafío comenzar. He esbozado una guía para principiantes que te guiará a través de los pasos requeridos para convertirte en un profesional en Instagram, desde cómo puede crear una cuenta, hasta cómo puedes encontrar personas y seguirlas.

¿Cómo crear una cuenta de Instagram?

Para suscribirse a Instagram, primero debes obtener la aplicación móvil de Instagram descargándola en un teléfono iOS (en App Store), Android (en Google Play Store) o teléfonos con Windows (Windows Phone Store). Todavía puedes usar Instagram en computadoras a través de la URL de Instagram.

Una vez que hayas descargado la aplicación de Instagram, pulsa sobre su icono para abrirla. Selecciona "Registrarse con correo electrónico" para crear una cuenta con tu dirección de correo electrónico, o puedes registrarte con tu cuenta de Facebook tocando "Registrarse en Facebook". Si eliges registrarte con una dirección de correo electrónico, se te pedirá que crees un nombre de usuario y luego obtengas una contraseña de tu elección. Después de eso, se te pedirá que completes tu información de perfil, como tu número de teléfono móvil, entre otros. Por otro lado, si eliges crear una cuenta usando Facebook, se te pedirá que inicies sesión con tu cuenta de Facebook, si todavía estás conectado (en Facebook), creará automáticamente una cuenta utilizando tus datos de Facebook.

Después de crear una cuenta, el siguiente paso que debes hacer es editar tu perfil (si lo consideras necesario). Puedes editar la información de tu perfil como tu nombre, tu dirección de correo electrónico o nombre de usuario tocando el icono "persona" en la sección de la barra de herramientas, en la parte inferior de tu pantalla. Toca "Editar tu perfil" y escribe el nombre de usuario que deseas, la URL de tu sitio web (si tienes uno), una breve biografía, luego toca "Guardar" si estás usando un teléfono Android o "Listo" si está usando un iPhone

Navegando por Instagram

Después de configurar tu perfil, mostrará tu biografía, videos y fotos que hayas publicado en Instagram. Puedes editar la información de tu perfil y ajustar la configuración de la cuenta. Para navegar a tu perfil, toca el icono de persona en la pantalla inferior y realiza los cambios que desees tocando el botón "Editar su perfil". Puedes acceder a mucha más información y opciones tocando el icono "Engranaje". Puedes escribir una biografía simple de hasta 150 caracteres. También puedes agregar o cambiar la imagen de perfil importando fotos de la galería de tu teléfono, Twitter o Facebook.

La cámara te permite tomar fotos con la cámara de Instagram o, en su lugar, compartir fotos de la galería de tu teléfono. Para acceder a la cámara, toca el icono central de la barra de herramientas en la parte inferior de la pantalla, puedes tomar una foto, grabar un video, elegir una foto o un video de tu biblioteca de fotos.

Para encontrar personas a quienes seguir, usa la función de búsqueda y exploración. Puedes acceder a esta función tocando el icono de la lupa desde la barra de herramientas en la parte inferior de la pantalla, alternar entre las vistas "Personas" y "Fotos" para explorar publicaciones y usuarios, o puedes escribir en el cuadro "Buscar" y elegir entre "Hashtags"' y "'Usuarios".

La página de inicio muestra publicaciones tuyas y de otros usuarios de Instagram que sigues. Como se explicó anteriormente, puedes dar "Me gusta" (tocando el corazón) o comentar (tocando el ícono de comentario y escribiendo tu comentario) en las fotos y videos en tu feed (fuente de noticias). Puedes acceder a tu fuente de noticias tocando el botón de inicio desde la barra de herramientas en la parte inferior de la pantalla.

La pestaña Actividad muestra los "Me gusta" y los comentarios en tus fotos y videos. Puedes acceder a esta pestaña tocando el icono de "burbuja de diálogo" desde la barra de herramientas en la parte inferior de la pantalla y luego alternar entre "los que sigues" y "Tus vistas".

Encontrar otros usuarios de Instagram a quien seguir

La aplicación de Instagram puede ayudarte a encontrar y seguir a personas que quizás conozcas. Estos son amigos de Facebook y personas en tu lista de contactos que están usando Instagram. Para ver estas sugerencias en un teléfono Android, ve a la página de tu perfil y toca el icono con tres puntos verticales en la parte superior derecha de la pantalla. Toca 'Buscar amigos' y luego selecciona buscar amigos de Facebook, de la lista de contactos de tu teléfono o de Instagram, usuarios sugeridos. Toca "seguir" junto a los usuarios cuyas publicaciones te gustaría ver aparecer en tu página principal (feed).

Si estás utilizando una aplicación de iOS, navega hasta tu perfil y toca el engranaje en la esquina superior derecha de tu pantalla. Elije el icono "Buscar personas para seguir" y selecciona si deseas buscar amigos de Facebook, de la lista de contactos de tu teléfono o de los usuarios sugeridos de Instagram. Toca el ícono "seguir" al lado de los usuarios cuyas publicaciones quieres que aparezcan en tu feed. Para encontrar personas a quien seguir en una aplicación de Windows Phone Instagram, ve a tu perfil y toca el icono con tres puntos horizontales en la esquina inferior derecha de su pantalla. Toca "Configuración", luego elije "Buscar e invitar amigos". Después de eso, toca "Encuentra a tus amigos" para buscar amigos de Facebook o de tu lista de contactos. Para encontrar amigos de Instagram, toca "Usuarios sugeridos" y luego toca "Seguir" en aquellos cuyas publicaciones quisieras que aparecieran en tu feed.

¿Cómo publicar una foto en Instagram?

Al publicar una foto en Instagram, tienes dos opciones: tomar una con la cámara de Instagram o subir una desde la galería del teléfono. Para hacer esto, toca el ícono de la cámara en la parte inferior central de tu pantalla. Desde tu cámara, puedes activar y desactivar la cuadrícula de fotos, alternar entre una selfie (auto retrato), una cámara posterior, o elegir si usar el flash o no. Para tomar una foto, toca el botón del obturador o presiona el ícono de video para grabar un video. Instagram te permite agregar efectos especiales utilizando las herramientas de edición en la parte superior de tu pantalla o usar filtros en su lugar. Puedes agregar un título a tu foto, etiquetar personas en ella, agregar tu ubicación o compartirla con otras plataformas de redes sociales como Twitter, Facebook, Tumblr o Flickr. Al agregar un título, puedes usar #hashtags y @mentions. Utilizar "Mention" te permite alertar a otros usuarios sobre tu publicación; recibirán una notificación indicándoles que los mencionaste. Los hashtags, por otro lado, ayudarán a otros usuarios de Instagram (incluso aquellos que no te siguen) a encontrar tus publicaciones.

Agregando a tu historia de Instagram

Para crear nuevo contenido a tu historia de Instagram, deslízate hacia la izquierda. Esto abrirá un nuevo panel con una amplia gama de opciones: Boomerang (un video de lazo corto), música para agregar algo de sabor a tu historia y Tipo para publicar un texto. También verás la opción en vivo que transmite en vivo desde tu teléfono a tus seguidores.

Para compartir una foto en tu historia de Instagram, haz clic en el icono de la cámara, toma una foto con la cámara de Instagram o elije una de la biblioteca de tu teléfono. Puedes editarlo antes de compartir usando la herramienta de edición de Instagram y luego publicarlo haciendo clic en "Compartir". Puedes seguir el mismo proceso al compartir un video.

¿Por qué deberías usar Instagram?

Quizás te preguntes cuál es el propósito de usar Instagram cuando hay tantas otras plataformas de redes sociales. Bueno, el principal atractivo de Instagram es que se basa en fotos que son muy fáciles de tomar con un teléfono inteligente. No necesitas llevar una cámara real para compartir lo que sucede a tu alrededor, solo toma una foto, aplica algunos filtros y listo. Instagram no es solamente algo de lo que debe preocuparse una persona común; se puede utilizar como herramienta publicitaria para empresas y productos.

¿Por qué usar Instagram para tu negocio?

¿Tu negocio no está en Instagram? ¡Te lo estás perdiendo! Permíteme darte razones por las que deberías considerar agregar tu negocio a Instagram.

Desde su inicio en 2010, Instagram ha demostrado ser una potente herramienta de mercadeo. A continuación se detallan algunas de las razones por las cuales Instagram puede beneficiar tu negocio.

Muchas personas están usando Instagram

Según estadísticas recientes, hay más de mil millones de usuarios activos en Instagram. Con estos números, no hay límites para el éxito de una empresa si se aplica una estrategia dedicada en Instagram.

Cualquier empresa puede prosperar independientemente del tamaño

Con la gran cantidad de usuarios para elegir, una empresa puede lograr mucho. Esto se aplica tanto a las grandes empresas bien establecidas como a las pequeñas empresas o las operaciones de una sola persona. Incluso para las empresas bien establecidas, el éxito no llega de la noche a la mañana, sino que requiere un gran esfuerzo, tal como mantener una presencia activa en línea y mantener una rutina constante de compartir al menos una publicación al día. Esta es precisamente la forma en que las franquicias conocidas como Nike y Pepsi han utilizado efectivamente Instagram para crecer.

Puedes ganar dinero directamente desde Instagram

Habiendo evolucionado a través de los años, Instagram ahora tiene un mayor énfasis en generar ingresos a través de la colocación de productos. La última plataforma desde la que puedes hacer esto es las Publicaciones Compradas: permite a las empresas agregar etiquetas a sus fotos con enlaces que incluyen el precio, la capacidad de "comprar ahora" y la descripción del producto, lo que lleva al usuario a la tienda en línea. Con esta característica, es fácil para las empresas atraer ventas reales desde Instagram. Un estudio muestra que a partir de 2019, el setenta y dos por ciento de los usuarios de Instagram han comprado productos utilizando la plataforma.

Las historias de Instagram hacen que tu negocio tenga más relaciones

Instagram proporciona varias formas de compartir información sobre tu negocio, pero la mejor manera de hacerlo es mediante el uso de historias en vivo. Puedes compartir información sobre tu negocio y cómo se te ocurren tus productos o servicios. Esto se puede hacer compartiendo videos interesantes de cómo se hacen tus productos y sesiones en vivo de Preguntas & Respuestas entre tú y tu audiencia. Las publicaciones en vivo son una excelente manera de generar confianza, relación y credibilidad con tus seguidores. Si los consumidores ven que tu negocio no se trata solo de ganar dinero, confiarán más en tu marca.

Puedes asociarte con personas influyentes

Para aquellos que quizás no lo sepan, las personas influyentes (influencers) son celebridades en línea que pueden promocionar una marca e impulsarla hacia la corriente principal.

Un buen influyente aumenta las ventas de tu negocio a través del mayor retorno de la inversión y el acceso a personas a las que normalmente no llegarías. Pueden difundir la palabra de tu negocio a millones de seguidores con unas pocas publicaciones.

Capítulo 2: El poder de la publicidad de Instagram para principiantes en la transformación de marcas comerciales y personales

Instagram se hizo público alrededor de 2010, y al igual que cualquier otra red social, creó una plataforma donde las personas pueden compartir ideas, gustos, disgustos, sugerencias y cualquier otra política que pueda ser debatida. Sin embargo, vino con una estrategia única de usar, principalmente, imágenes. Comenzó como una simple aplicación para compartir imágenes, pero ahora se ha convertido en un canal completo que se puede utilizar en mercadeo.

Para el éxito prometido en esta travesía, debes invertir en mercadeo. De lo contrario, puedes terminar teniendo inventarios muertos y retrasos en el crecimiento de tu empresa. El mercadeo se puede mejorar cuando llega a clientes potenciales y les explicas por qué tu producto les conviene. Instagram, como plataforma de redes sociales, se puede utilizar para alcanzar más clientes potenciales y mejorar los servicios para clientes habituales.

Últimamente, Instagram ha lanzado más herramientas para mejorar el crecimiento de cualquier negocio. Dichas características incluyen el análisis, una nueva forma de generar tráfico desde las historias de Instagram, publicaciones en las que se puede hacer clic, plataformas de video e IGTV.

Razones por las que debería usar el mercadeo de Instagram para el éxito de tu negocio

La mente humana está diseñada de una manera que asocia imágenes particulares a una característica dada. Sin embargo, esto depende del conocimiento almacenado que posee una persona. No obstante, una persona se siente más libre y segura para comprar un producto cuando lo conoce. Como resultado, el intercambio de imágenes y videos ha sido establecido como la manera más efectiva, especialmente cuando se anuncia un nuevo producto o se llega a un nuevo mercado.

Instagram ha superado a otras plataformas de redes sociales en el intercambio de imágenes y videos. Esto lo hace más adecuado para ejecutar anuncios y llegar a clientes. Se ha determinado que la mayoría de los usuarios de Instagram están más que simplemente comprometidos, ya que comúnmente son compradores en línea. En consecuencia, muchos compradores terminaron decidiéndose por ciertas opciones después de ver un producto en Instagram.

El hecho mencionado hace que los usuarios de Instagram sean la mejor audiencia y, con un poder de convencimiento mejorado y la implementación de los consejos que se mencionan aquí, puedes ganar más clientes que antes.

Otra razón por la cual Instagram es una herramienta recomendable para llegar a más clientes, y al mercado en general, es que entienden los negocios. Instagram ha desarrollado características que favorecen el comercio electrónico y la operación general de un negocio, particularmente todo los relacionado con el mercadeo.

Pasos para el éxito a través de la plataforma de comercio electrónico de Instagram

Una vez que hayas recurrido a hacer un mejor uso de esta plataforma, debes aplicar estrategias particulares para llegar a tus potenciales clientes. Del mismo modo, Instagram no solamente te ayudará a llegar a un gran número sino también un número que puedas convencer de lo increíble que eres y que tú eres la mejor opción. Recuerda, los números no mienten. A continuación se detallan los pasos que debes seguir para impulsar con éxito tu negocio hacia la grandeza y aumentar tus competencias para llegar a muchos consumidores de tus productos o servicios.

Establece tu objetivo y meta: ¿Qué deseas lograr al emplear el comercio electrónico de Instagram? Con metas y objetivos establecidos, es fácil formular tus estrategias y enfoques. Los objetivos pueden o deben ser un número determinado de clientes que alcances cada año. Del mismo modo, puede ser un objetivo de llegar a un grupo particular de personas en grandes cantidades o tal vez un objetivo de ventas por unidad de tiempo.

Identifica a tus clientes objetivo: Primero, debes saber a qué tipo de cliente te gustaría llegar, por supuesto, con respecto a tus servicios. Identificar a tus clientes objetivo te ayudará en la asignación de recursos de una manera más económica. Después de identificar el objetivo potencial, puedes elegir ahora el público objetivo desde donde puedes obtener clientes potenciales. Después de identificar al público objetivo, tómate tu tiempo para comprender su cultura. Al comprender a tus clientes, podrás personalizar tu publicidad, los productos y los servicios que ofreces.

Audita tu cuenta de Instagram: si has sido usuario de la plataforma, revísala y ve las actividades que tú has estado haciendo. Cada aspecto de tu cuenta debe coincidir con la intención del negocio; estos aspectos incluyen perfil, hashtags, feeds, biografías y también los subtítulos. Del mismo modo, las cuentas que tú sigues deben estar en línea con tu negocio. La auditoría debe basarse en los objetivos de tu negocio, los clientes objetivo y el público objetivo.

Establece un perfil comercial para tu cuenta de Instagram: en realidad, Instagram ha acogido al dueño del negocio y le ha dado una cálida bienvenida al establecer características que están destinadas exclusivamente a actividades comerciales. Instagram ha tratado de mejorar las actividades del negocio. Como resultado, ha establecido un perfil comercial que permite al usuario agregar enlaces en las historias, crear publicaciones en las que se puede hacer clic y publicar automáticamente en Instagram. A continuación se detallan los pasos a seguir para configurar un perfil comercial de Instagram.

1. **Crear una página de negocios en Facebook.** En primer lugar, abre una aplicación de Facebook y haz clic en "Crear página" en las opciones que se ofrecen en el menú desplegable. En segundo lugar, elije tu tipo de negocio en la opción "Categoría" y asigna un nombre a tu página. Recuerda que es una cuenta comercial, por lo tanto, se debe seguir la formalidad. El nombre dado debe ser una palabra clave que una persona pueda buscar cuando necesite llegar a tu negocio. En tercer lugar, sube un perfil y una foto de portada que describa tu negocio. Este puede ser el logotipo de tu empresa o el producto / servicio que ofreces. En cuarto lugar, agrega la descripción y los enlaces que van a invitar a los visitantes de la página a realizar una acción, como visitar tu sitio web u otras plataformas que tengan más información. La descripción debe dar al visitante una idea clara de quién eres y de qué se trata tu negocio, con la menor cantidad de palabras posible. Finalmente, asegúrate de que todo esté en orden de acuerdo a lo que deseas.

2. **Enlaza tu página de negocios en Facebook a tu cuenta de Instagram.** En primer lugar, inicia sesión en tu cuenta de Instagram y haz clic en tu perfil. En segundo lugar, toca el ícono "Engranaje" en la parte superior derecha de la pantalla para abrir la configuración de la cuenta. En tercer lugar, haz clic en "Cambiar a perfil comercial" y luego "Continuar" para vincular la cuenta de Instagram a tu cuenta de Facebook. Cuarto, asegúrate de que el perfil esté configurado para ser visto por el público, de lo contrario, tu perfil comercial no será validado. En quinto lugar, haz clic en "Continuar como" para conectarse a Facebook y cuando tu página de Facebook aparezca tocar "Siguiente". Si tu página de Facebook no aparece, significa que no estás listado como administrador de la página, y puedes cambiar la configuración a través de la aplicación de Facebook.

3. **Configura tu perfil comercial de Instagram.** Después de los pasos anteriores, se te pedirá que agregues tus datos, es decir,

número de teléfono, correo electrónico, direcciones físicas. La información ingresada es vital, ya que es la utilizada por tus seguidores que estén dispuestos a comprar.

Formula una biografía precisa, completa y atractiva: tu biografía debe informarle a tu audiencia quién eres y por qué deberían seguirte. Puede ser difícil formular uno, pero con objetivos establecidos y conocimiento de tu audiencia objetivo es fácil. Para que tu biografía sea interesante y atractiva para muchos de tu audiencia, debes incluir lo siguiente:

• Tu nombre real o el nombre de tu empresa. La mayoría de los seguidores te buscarán por el título de tu nombre o del negocio. Dependiendo del que tenga más peso, entre el nombre comercial y el personal, incluye uno o ambos para garantizarle a tus visitantes que eres tú.

• Tu nombre de usuario de Instagram. Optimice el uso de los signos "@" y "#". El uso de las etiquetas antes de una descripción crea un enlace que llevará al visitante a una página principal (feed) en tu sitio o externamente a tu sitio web o blogs. Del mismo modo, usa las palabras clave que pueden usarse para buscar y ubicar tu empresa.

• Enlaces a tu sitio web o blog. Comparte un enlace que dirija a tus visitantes a la página de inicio de tu sitio web o blog. Alternativamente, puedes dirigirlos a un producto o información en particular según sea tu objetivo.

• Tu información de contacto. Inserta información sobre cómo los clientes potenciales pueden contactarte. Proporciona tu número de contacto, dirección física y correo electrónico entre cualquier otro canal a través del cual tus clientes puedan comunicarse contigo.

• También puedes incluir cualquier otra información sobre tus habilidades, preferencias, logros y otras características que puedan desencadenar una relación de "amistad" con tus clientes.

Mejora tu perfil comercial de Instagram: dado que ahora has establecido un perfil comercial, estas a pocos pasos para construir tu éxito. Sin embargo, asegúrate de que tu perfil transmita el mensaje que deseas que los visitantes y seguidores sepan sobre tu negocio. Algunos de los usuarios simplemente escanearán tu cuenta y, si no están satisfechos con el perfil o los feeds, es probable que los hayas perdido. Por lo tanto, tus feeds deben transmitir el mensaje de una manera integral y, al mismo tiempo, ser atractivos visualmente.

Vende tu marca a través de las historias de Instagram: recuerda tus objetivos y la meta general que deseas lograr y personaliza el mensaje de manera particular que deseas transmitir a sus seguidores potenciales y clientes. Las historias de Instagram se pueden comparar con el tráiler de una película; le dicen a los seguidores de tu audiencia qué esperar de ti. No generalices tus historias. En su lugar, clasifícalas de manera que tu audiencia pueda comprender el contenido con respecto a sus gustos o preferencias.

Audita tu cuenta nuevamente: ahora que has establecido un perfil comercial de Instagram, vuelve a visitar la cuenta como visitante. Identifica cualquier brecha o inconsistencia en tu comunicación y la información provista.

Estrategias de contenido de Instagram

La estrategia, en este caso, significa que no publicarás de cualquier manera; debes administrar la cuenta con agudeza y formalidad. Tus feeds no deben tener ninguna inclinación política. Estás tratando con diferentes personas que tienen diferentes percepciones y normas sociales. Por lo tanto, mantén la decencia, el orden y la neutralidad en todos tus feeds. Después de todo, tú estás allí para convertir a las personas en tus clientes, y tu negocio es convencerlos de por qué tu producto o servicio les conviene, punto. Dado que Instagram solo permite cuatro tipos de publicaciones, a continuación se detallan las consideraciones que debes tener en cada una.

Publicaciones de video

Siempre debes hacer un video informativo, preciso y no muy largo. Del mismo modo, el video debe ser claro y el sonido asociado debe ser audible.

- **Cómo usar la publicación de video para impulsar tu negocio**

Las publicaciones de video son comunes en los feeds de Instagram; sin embargo, si quieres lo mejor de esto, debes elaborar una estrategia sobre qué y cómo hacerlo.

- **Características de una buena publicación de video**

Ejecuta una promoción de tus productos: dado que las publicaciones de video pueden transmitir mucha información en poco tiempo, debes utilizarlas para vender tus productos y servicios. Una sola imagen no puede mostrar o ilustrar mucha información en comparación con un video de 1 minuto. Del mismo modo, una publicación de video permite a los seguidores ver el producto en más de una dimensión, a diferencia de una foto. Por lo tanto, asegúrate de capturar solo la información relevante que le dará a un cliente potencial la información completa.

Asócialo con tu marca: una publicación de video que presenta tu empresa o marca por primera vez, puede ser la mejor herramienta para anunciar tu marca. Crea un video que asocie el producto a tu marca en particular. Eventualmente, tus seguidores tendrán confianza en la marca y, a su vez, en tu negocio.

Educa a tu audiencia sobre cómo usar tu producto o servicios de manera eficiente: a través de la publicación de tus videos, comparte un breve tutorial sobre tu producto y cuán transformador, efectivo o útil es. Esta será una forma de publicidad y, al mismo tiempo, una lección para tus seguidores. Los seguidores interesados estarán más atraídos después de ver un video que los ilumine. Del mismo modo, les darás una idea acerca de o cómo es tu producto, a los seguidores que, de otra manera, no habrían podido conocer dicho producto o servicio.

Publicaciones de fotos

Asegúrate de que tus fotos sean claras y consistentes con tu negocio. Tienes la opción de publicar la foto en formato horizontal, cuadrado o vertical. Por lo tanto, elije el formato que les dé una impresión de calidad.

Publicaciones de compras

Las publicaciones de compras permiten al seguidor hacer clic en la publicación y ver la información sobre el producto. Además, ellos serán dirigidos hacia una URL donde pueden comprar los productos. Por lo tanto, asegúrate de que tu URL sea válida y que el "Acerca de" del producto o servicio coincida con el verdadero.

Publicaciones tipo carrusel

Esta es una nueva característica que muchas empresas han adoptado para promocionar sus nuevos productos. La función te permite compartir una foto junto con un video. Por lo tanto, asegúrate de que el contenido de la foto y el video coincidan; de lo contrario, crearás ambigüedad en tu comunicación.

· **Cómo mejorar e impulsar tu negocio utilizando publicaciones de carrusel**

Usa publicaciones de carrusel al lanzar un nuevo producto: puedes compartir varias fotos para dar a tus seguidores una idea de cómo es el nuevo producto. Sin embargo, la incorporación de un video junto con las fotos mejorará la comprensión de tus seguidores. Cuando el cliente potencial recibe una idea clara de tu producto y, de alguna manera se ajusta a sus preferencias, en realidad lo has atraído a probar tus productos y servicios.

Lo mejor es compartir información de un evento: tu empresa u organización puede estar teniendo un evento que es vital para tu negocio. Tradicionalmente, puedes subir miles de fotos para que tus seguidores "prueben la sensación". Sin embargo, es muy probable que algunos de tus seguidores no puedan ver todas las fotos y tengan información incompleta. En su lugar, usa Publicaciones tipo Carrusel para compartir el evento, ya que es breve pero muy informativo.

Usa la publicación de carrusel para mostrar qué puede hacer tu producto: entre tus seguidores, hay algunos o muchos, dependiendo del producto, que no saben qué puede hacer tu producto o servicio. Como resultado, una publicación de carrusel puede ser la mejor opción para compartir el escenario anterior y el escenario posterior. A través de una publicación de Carrusel, tus seguidores podrán deducir el significado y la efectividad de tu producto o servicio.

· **Cómo hacer uso de las historias de Instagram para impulsar tu negocio**

Las historias de Instagram son una estrategia de mercadeo esencial. De hecho, muchas empresas crean más historias para captar clientes nuevos y potenciales.

Comparte una historia regularmente: cualquier historia ordinaria en Instagram dura 24 horas; por lo tanto, para alcanzar el número máximo de clientes potenciales, debes publicar historias regularmente, asegurándote de que en cada momento los seguidores tengan algo en qué pensar.

Puedes compartir en cualquier momento a tu conveniencia: para las publicaciones regulares de Instagram, debes coordinar el tiempo para cuando la mayoría de tus seguidores objetivo estén activos. Sin embargo, dado que el contenido estará disponible durante 24 horas, si el seguidor está activo dentro de las 24 horas, igualmente puede ver el contenido. Del mismo modo, puedes compartir el estado como un contenido resaltado. De esta manera durará incluso mucho más.

Haz que tu historia sea más atractiva incorporando diversión, información y contenido promocional: recuerda, debes involucrar completamente a tus seguidores para que lean y vean tus feeds. Por lo tanto, no seas tan serio hasta el punto de intimidarlos o hacerlos sentir que no son bienvenidos. Por otro lado, no seas demasiado bromista o puedes hacer que tus seguidores no reconozcan cuándo estás hablando de negocios. Equilibra todos los aspectos. Haz que tus publicaciones sean informativas para que tus seguidores aprendan más, sean divertidas para transmitir incluso un mensaje sensible y el contenido sea promocional para recordarle a tus seguidores quién eres tú y lo qué ofreces.

Capítulo 3: Consejos para obtener los mejores resultados al publicar en Instagram

Instagram es una plataforma de redes sociales que permite a las personas compartir fotos y videos. Mike Krieger y Kevin Systrom fundaron Instagram y vieron su lanzamiento en octubre de 2010. La aplicación es propiedad de Facebook y permite su uso en dispositivos Android y Windows. Los usuarios pueden subir fotos o videos a la aplicación, editarlos con algunos filtros y organizarlos fácilmente siguiendo la información de su ubicación, así como también tus etiquetas. Otros pueden compartir sus publicaciones con todos sus espectadores o solamente con sus seguidores privados. Otros usuarios pueden navegar a través del servicio, ver la información y los contenidos que son tendencia. Les pueden gustar los videos y las fotos, así como seguir a otros usuarios para que puedan agregar un feed a su contenido.

Inicialmente, Instagram solo permitía a sus usuarios enmarcar su contenido en un cuadrado. Sin embargo, en 2015, se eliminaron las restricciones y se agregaron otras características a la aplicación. Estas características fueron, por ejemplo, la capacidad de subir varios videos o imágenes en una sola publicación, funciones de mensajería y la posibilidad de cargar historias. A pesar de que existen otras plataformas de redes sociales, Instagram ha ganado popularidad con bastante rapidez. Para mayo de 2019, la aplicación tenía más de mil millones de usuarios registrados. Para octubre de 2015, Instagram tenía más de 40 mil millones de fotos subidas.

Instagram, como aplicación de Android, ha pasado por algunas actualizaciones importantes. La primera actualización se introdujo en marzo de 2014, por lo que el tamaño de la aplicación se redujo a la mitad. Se realizaron algunas mejoras significativas para aumentar el rendimiento de la aplicación en dispositivos Android.

La razón principal detrás de esta mejora fue porque la mitad de los usuarios de Instagram poseían dispositivos Android y estaban fuera de los Estados Unidos. En abril de 2017, se realizó la segunda actualización. Se agregó la función "modo sin conexión". Esto significaba que el contenido que había sido cargado inicialmente en el servicio de noticias de la aplicación podría estar disponible incluso sin estar conectado a la red de Internet. A los usuarios también se les dio la posibilidad de dar "Me gusta", comentar, guardar fotos y videos, así como seguir o dejar de seguir a los usuarios, una vez que se conectan a Internet.

Los fundadores iniciales de Instagram, Systrom y Krieger renunciaron a Instagram en septiembre de 2018, y Adam Mosseri tomó el cargo a la cabeza para dirigir Instagram. Se agregó otra función a Instagram en noviembre de 2018, por la cual las personas con discapacidad visual podían escuchar explicaciones de cada foto a través del texto alternativo. El texto es generado automáticamente o un texto es ingresado por el usuario.

Filtros fotográficos

Algunos filtros fotográficos son ofrecidos por Instagram para permitir que los usuarios puedan editar sus fotos. Éstos incluyen:

Normal: esto significa que no hay filtros aplicados

1977- Esto significa un tinte rojo en una mayor exposición que le da a la imagen un aspecto más brillante y descolorido.

Brannan: esta característica aumenta el contraste, la exposición y aumenta el tono metálico.

Hudson-The La característica crea una ilusión de hielo, aumentando las sombras, retocando el centro y el tinte frío.

Valencia: la imagen se desvanece bastante, aumenta la exposición y se añaden algunos colores cálidos para que exista mucha sensación de antigüedad.

Vídeo

En junio de 2013, Instagram permitió a los usuarios compartir videos de 15 segundos en sus líneas de tiempo. Esta característica permitió a Instagram seguir siendo competitivo con otras redes sociales. A finales de 2015, Instagram había agregado algunos elementos que podrían admitir videos en sus pantallas. La limitación en el video de 15 segundos se actualizó en 2016, por lo que los usuarios podían subir un video de 60 segundos. A principios de 2017, hubo una introducción del programa Álbumes, que le permitió a los usuarios subir videos de diez minutos en una sola publicación.

IGTV

Instagram lanzó la función en junio de 2018. Se puede describir como una aplicación de video vertical que puede funcionar tanto en el sitio web de Instagram como en la aplicación misma. La función principal de IGTV es permitir a los usuarios registrados subir videos de 10 minutos con un tamaño límite de 650 MB. Los usuarios que están verificados en Instagram pueden publicar videos con una duración de 60 minutos y una magnitud de 5.4 GB.

Instagram directo

Instagram Direct se lanzó en diciembre de 2013. La función permite a los usuarios comunicarse los unos con los otros a través de mensajes privados. Esto significa que los usuarios que se siguen pueden interactuar a través de mensajes y también pueden enviar fotos y videos. En el caso de que un usuario no sea seguido por el otro y envíen un mensaje, generalmente se marca como "En espera" y deben aceptar para poder abrir el mensaje. Un usuario de Instagram puede publicar un mensaje o una foto para 15 personas como máximo. Las actualizaciones constantes en la aplicación permitieron a los usuarios responder directamente a mensajes privados mediante el uso de emogji, texto o un clic en el ícono del corazón

Hay un ícono de cámara en Direct donde los usuarios pueden tomar videos o fotos sin tener que abandonar la conversación. También es posible enviar enlaces a sitios web mediante Direct, así como publicar imágenes sin tener que recortarlas.

Características del usuario

Demografía. Los usuarios registrados de Instagram se dividen en partes iguales. Esto significa que el 50% de los usuarios posee iPhones y el otro 50% usa dispositivos Android. El número de mujeres que usan Instagram es mucho mayor que el número de hombres. El 68% de las mujeres usan la aplicación y solamente el 32% de los usuarios son hombres. El número de usuarios que viven en áreas urbanas también es mayor que el de usuarios que residen en áreas suburbanas y rurales. El número de jóvenes menores de 35 años es mayor que el de las personas mayores. Esto se debe a que los jóvenes se sienten más atraídos por la aplicación. Las personas educadas demuestran ser los usuarios más activos de Instagram y seguidos por los graduados de secundaria.

Compromiso del usuario. El contenido compartido en la línea de tiempo de Instagram determina dramáticamente la manera cómo los usuarios se involucran. Cuando se revelan los rostros, es probable que muchas personas comenten y le regalen un "Me gusta" a las fotos o videos cargados. Mientras existan menos individuos involucradas con la carga de material, mayor será el número de usuarios comprometidos. Para mejorar la participación de los usuarios, Instagram ha creado una función que permite a los usuarios solicitar la verificación en la tarjeta de identificación de su cuenta. Sin embargo, no todos los que solicitan la verificación obtienen una marca azul.

Tendencias: los usuarios de Instagram pueden crear tendencias utilizando hashtags. El hashtag implica palabras clave particulares con un símbolo hash unido a éste. Los hashtags permiten a los usuarios compartir información con otros usuarios fácilmente. Es una de las tendencias más populares en las redes sociales. Se utiliza resaltando un día y una hora en particular y eligiendo el material a publicar. Se agregó una característica llamada "Seguir" en el hashtag por lo que al presionarlo, los usuarios pueden ver aspectos importantes de lo que está incluido en sus feeds.

Motivos entre adultos jóvenes. Mirar publicaciones, interactuar y pasar el tiempo son algunos de los motivos por los que un número significativo de jóvenes usa Instagram. Esto se debe a que los jóvenes prefieren la comunicación visual a cualquier otra forma de comunicación.

Características que distinguen a Instagram de otras aplicaciones de redes sociales

En el mundo moderno, tenemos disponibles múltiples aplicaciones de redes sociales. Estas plataformas nos brindan una oportunidad para compartir fotos, videos e ideas con los que nos siguen. Cada plataforma de redes sociales tiene su singularidad, lo que significa que cada una tiene sus aspectos que las hacen diferentes de las otras. Sin embargo, la mejor plataforma disponible para casi todos es la aplicación de Instagram. Tiene su superioridad sobre otras plataformas porque tiene múltiples funciones que no están disponibles en otras aplicaciones. Por lo general, tiene una combinación de características de casi todas las plataformas de redes sociales. Se puede describir como una aplicación con todo incluido. Como se dijo anteriormente, permite a los usuarios publicar sus fotos, videos y usar subtítulos en sus publicaciones. También es posible etiquetar a otros usuarios cuando uno carga una foto o un video. La aplicación también mejora la mensajería directa, donde las personas pueden enviar mensajes de texto en privado a sus colegas, familiares y amigos.

Usar Instagram ayuda a las personas a evitar congestionar sus teléfonos con muchas aplicaciones de redes sociales. La función "Mi historia", por ejemplo, permite a los usuarios cargar fotos y videos en su historia y la hace visible para todos. A otros usuarios les puede gustar, comentar o responder a las publicaciones con mucha facilidad. Las imágenes que se cargan se pueden editar utilizando las funciones de filtro proporcionadas, ubicaciones etiquetadas, amigos y escribiendo un título con palabras ilimitadas. Esto es, a diferencia de otras plataformas, por lo que el número de palabras es limitado.

Instagram permite a los usuarios privatizar sus cuentas. De esta manera, solo las personas que uno acepta seguir pueden ver sus publicaciones. Cuando uno descubre que otro usuario está actuando maliciosamente en su cuenta, puede denunciarlo. Las cuentas de tales personas se considerarán inapropiadas.

Para una nota comercial, Instagram también es considerada una de las mejores plataformas para el mercadeo en las redes sociales. El mercadeo en redes sociales ha crecido ampliamente, reemplazando los métodos tradicionales de mercadeo. Esto se debe a que la mayoría de las personas pasan su tiempo en las redes sociales, por lo que es una gran plataforma para comercializar productos y servicios. Instagram ha demostrado ser el mejor en mercadeo debido a los siguientes tres factores.

1. Mejor penetración en el mercado objetivo: los adultos jóvenes tienden a ser compradores impulsivos, por lo que influir en sus opciones de compra en Instagram es mucho más fácil. Una amplia gama de usuarios de Instagram tiene menos de 35 años y posee una cuenta de Instagram. Una persona de negocios con experiencia convencerá fácilmente a los jóvenes para que compren sus productos y servicios, asegurándoles su efectividad. La mayoría de estos jóvenes están ganando mucho dinero y, por lo tanto, comprar no será un problema mientras el producto esté bien representado. Instagram es una aplicación sobresaliente porque las personas de negocio pueden subir videos del producto, pueden estar demostrando su uso y la variedad disponible. También se puede cargar un video en los servicios que se ofrecen, lo que atrae a una base de clientes más extensa. Las mujeres toman la porción más significativa de los usuarios de Instagram y es evidente que les encanta ir de compras. Por lo tanto, Instagram demuestra ser la mejor plataforma.

2. Mejor visualización de contenido. Como emprendedor que muestra productos o servicios, Instagram permite una increíble participación del cliente. Instagram permite la interfaz de usuario, lo que hace que uno pueda crear su marca al subir fotos y videos de

una manera muy efectiva. Las imágenes o videos cargados se muestran bien, minimizando así el desorden que probablemente podría desanimar a los clientes potenciales.

3. Los usuarios de Instagram son más activos y pasan gran parte de su tiempo en la plataforma. Esta es una de las características que hace que Instagram supere a otras plataformas en las redes sociales. Estudios anteriores revelan que es probable que a un número considerable de usuarios les guste, respondan, comenten e incluso compartan imágenes cargadas en Instagram, a diferencia de otras plataformas. Cuando una imagen o video de negocios se comparte o comenta varias veces, llega a una población más amplia, que es lo mejor que le puede pasar a tu negocio. Es probable que se amplíe la base de clientes para una actividad particular.

Consejos sobre cómo publicar en Instagram para obtener los mejores resultados

Para aumentar el compromiso que uno tiene en Instagram, es crucial lo que publicamos, cómo publicamos cuándo publicamos y con qué frecuencia debemos publicar. Todos en la plataforma esperan aumentar el número de "Me gusta" y garantizar que más personas participen en lo que publican. En muchos casos, los usuarios complicarán las cosas simples y no lograrán lo que quieran. Los siguientes son algunos consejos que los usuarios de Instagram pueden considerar para aumentar el número de seguidores, los "Me gusta", comentarios y compartidos en las publicaciones que realizan.

Compartir fotos y videos de alta calidad. Esta es una de las cosas más simples que las personas pueden hacer al subir fotos y videos, pero a menudo lo complican. Se puede hacer asegurando que las fotografías o videos que se están cargando no estén pixelados, borrosos u oscuros. El enfoque del usuario debe centrarse principalmente en la calidad del video o la foto que se está cargando. Debería ser bastante simple, por lo que no debe estar desordenada, usar múltiples fuentes o comprimidas en una sola carga. Obtener más "Me gusta" depende completamente de qué tan bien se muestren las fotos o videos. Un video explícito siempre obtendrá al usuario muchas vistas, así como descargas y sea compartido ampliamente.

Escribir algunos subtítulos interesantes y emocionantes. Simplemente cargar una imagen no es suficiente; el título que sigue a la imagen juega un papel importante en la determinación del número de usuarios en los que participa. El título debe tener algún valor y debe ser interesante para atraer a múltiples seguidores y más usuarios. Las palabras únicas u oraciones de una sola palabra deben eliminarse. Un usuario de Instagram debería enfocarse en contar detalles que sean evocadores e inspiradores. El público siempre se sentirá atraído por una publicación que tenga un subtítulo que se identifique con ellos, que sea gracioso o inspirador y que definitivamente seguirá, le dará "Me gusta" y comentará la imagen o el video subido. Es esencial trabajar en varios subtítulos en diferentes publicaciones y ver cuál recibe más "Me gusta" y comentarios e intentar perfeccionar a su usuario para aumentar la cobertura.

Usar un llamado a la acción. Para lograr lo que deseas, debes comunicarte con tu audiencia de manera efectiva. Puedes incluir fácilmente una llamada a tu audiencia para que te regale un "Me gusta", comente o comparta tu publicación. La petición que le haces a tu audiencia para involucrarlos debe ser cortés y estar relacionada con la publicación que hayas hecho. Por ejemplo, si tu publicación fue sobre una experiencia que tuviste en la escuela secundaria, puedes finalizar tu leyenda o pie de foto escribiendo "Haz clic en Me gusta y comenta a continuación si tuviste las mismas experiencias en la escuela secundaria". Usar diferentes maneras de llamar a la acción es vital, ya que ayuda a atraer a más usuarios. Por ejemplo, si se trata de un video, se puede usar la declaración "vincular en mi biografía, comentar, etiquetar a sus amigos y compartir". De esta manera, las personas siempre se encontrarán respondiendo y haciendo clic en "Me gusta" en tus publicaciones, lo que te dará una multitud de seguidores y "Me gusta" en Instagram.

Saber quién es tu audiencia. Debes sentirte cómodo con el público al que te diriges en tus publicaciones. Debes saber qué le gusta a tu público objetivo, tal vez memes, fotos de viaje o fotos de comida. Crear contenido que sea atractivo para tu audiencia aumentará la cantidad de "Me gusta" que obtengas en las publicaciones que realices. Teniendo en cuenta que Instagram es bastante fácil de usar, puedes observar profundamente lo que tu público objetivo encuentra agradable y siempre ofrecerles una variedad de lo que quieren. Tu número de seguidores también aumentará, ya que muchas personas querrán saber más sobre lo que estás publicando en tu página de Instagram.

Recuerda siempre agregar una Geolocalización a cada publicación que hagas. La geolocalización es un texto de ubicación simple que generalmente aparece encima de una publicación. El número de "Me gusta" que puede obtener este pequeño texto es bastante significativo. Siempre es esencial tener en cuenta los lugares que tu audiencia encuentra interesante. Usando esas ubicaciones así como el breve texto anterior, tus publicaciones siempre llegarán a varias personas. Los usuarios de Instagram deben asegurarse de agregar la ubicación en el momento en que cargan una imagen o video.

"Me gusta", comenta y comparte constantemente cada día. Para obtener más "Me gusta" en Instagram, debes hacer lo mismo con las publicaciones de otras personas. Para aumentar la cantidad de personas involucradas en tus publicaciones, es esencial considerar la posibilidad de interactuar con otros usuarios de Instagram. Mostrar interés genuino en las publicaciones subidas por otros usuarios les muestra un poco de apoyo hacia ellos y los alienta a revisar tu línea de tiempo. De esta manera, lo más probable es que les gusten y comenten las publicaciones que hayas realizado en tu página, lo que aumentará su feed.

Usar los hashtags correctos. Los hashtags correctos siempre facilitarán que un usuario obtenga más "Me gusta" y seguidores. Esto se debe a que ayudan a involucrar ampliamente a los usuarios de Instagram y le permiten estar por delante de sus competidores. En cada publicación realizada, un usuario debe considerar el uso de hashtags variados para describir el público objetivo o la cuenta. Un usuario de Instagram debería intentar que sus hashtags sean lo más únicos posible para atraer a más seguidores. Los hashtags de uso común siempre desanimarán a posibles seguidores y "Me gusta" porque la gente ya está demasiado acostumbrada a ellos.

Animar a las personas a etiquetar a un amigo o a un seguidor. Esta es una de las mejores técnicas que puedes utilizar en la cotización para aumentar tu número de seguidores, "Me gusta" y comentarios. Uno debe invitar a su audiencia a etiquetar a un amigo o seguidor famoso en la publicación realizada. Un usuario de Instagram debe asegurarse de que su publicación sea atractiva e interesante para que otras personas encuentren valor al etiquetar amigos o compartir la publicación. Por ejemplo, si es el caso de un negocio de jeans para damas, puedes agregar una solicitud a los seguidores para que etiqueten particularmente a las damas que deberían acompañarlas a la tienda de jeans para damas. De esta manera, es probable que la publicación se comparta más, lo que aumenta el número de "Me gusta" en su feed. El número de seguidores también se duplicará, ya que las personas desearán saber más sobre el negocio en el que estás trabajando.

Uso constante de historias de Instagram. Los usuarios activos en las historias de Instagram son alrededor de diez millones en todo el mundo. Esto significa que las historias de Instagram no deben ignorarse. Esto se puede hacer cargando historias en la página de Instagram y pidiendo a la gente que las evalúen o las vean. Es probable que los "Me gusta" y el tráfico en las publicaciones realizadas se incremente mucho.

Patrocinando regalos. Esta es una de las cosas que la audiencia en Instagram encuentra atractiva y sigue las cuentas que promocionan los regalos. Esto se puede hacer incitando a la audiencia con una nota que indique que para calificar para los obsequios requiere que hagan clic en "Me gusta", comenten y compartan una publicación en particular. Una audiencia interesada hará lo que se le indique para poder ser elegible. Agregar algunas calificaciones, como decirles que etiqueten amigos, también funciona mejor cuando uno quiere aumentar el número de seguidores en sus feeds. También puede ayudar a llegar a un público más amplio. Cuando un usuario gana los obsequios que se promocionan, se convierte en una victoria para ambas partes. En muchos casos, otros lo seguirán de nuevo en su cuenta para poder tener una oportunidad de ganar si tienen otra oportunidad.

Siempre considera etiquetar cuentas que sean relevantes para la publicación realizada. Cuando las personas relevantes o populares se etiquetan en una publicación, se llega a un público más amplio. Esto se debe a que cada vez que son etiquetados, una notificación siempre aparecerá en sus feeds y será visible para su audiencia. Su atención será captada y estará interesado en seguir la cuenta en particular. Uno siempre debe asegurarse de que las personas que están etiquetando en su marca sean relevantes para evitar que se guarden como spam (mensaje no deseado).

Publicar en un horario regular es otra técnica para aumentar seguidores, "me gusta", compartir y comentarios. Para lograr los mejores resultados, uno debe establecer un horario para publicar. Esto ayudará a garantizar que la audiencia siempre esté comprometida. Uno puede tratar de identificar el tiempo que muchos usuarios están en línea y publicar en ese momento en particular. De esta manera, es probable que una publicación obtenga más "Me gusta" y más compartidos.

Capítulo 4: Creando historias e interactuando con tu audiencia a través de Instagram

Instagram es simplemente una plataforma de redes sociales donde puedes compartir videos y fotos. Fue lanzado oficialmente en octubre de 2019 en iOS. En abril de 2012, estuvo disponible para Android y al mismo tiempo, Facebook lo compró y desde entonces ha estado bajo su propiedad.

Ventajas de usar Instagram

•   Instagram se basa principalmente en fotos que actualmente son muy fáciles de tomar con teléfonos inteligentes. Puedes compartir tu mundo con otros a través de una simple foto instantánea.

•   Puedes ser simplemente un acechador o un merodeador. Esto significa que puedes ser un seguidor sin publicar nada. Es aceptable ser un seguidor de tus amigos, fanáticos y celebridades si eso es lo que te hace feliz.

•   Es una herramienta efectiva para la publicidad. Puedes promocionar tus blogs o vender productos en Instagram.

Conceptos básicos de crear una historia en Instagram

Primero, abre Instagram y luego toca el icono de la cámara en la esquina superior izquierda de tu teléfono.

Comparte un video o una foto que ya hayas tomado deslizando el dedo en tu pantalla y navegando en la galería o elije en la cámara para capturar una foto o video en la aplicación.

Hay opciones que puedes elegir;

En Vivo

Una opción en vivo te brinda la opción de filmar y transmitir de inmediato. Los amigos pueden seguir dejando comentarios y cuando termines de transmitir, puedes permitir que el video desaparezca, pueda ser guardado o pueda ser compartido por las próximas 24 horas.

Normal

Cuando tocas, Instagram captura una foto y cuando mantienes presionado, graba un video. Las historias de Instagram normalmente tienen una duración de 15 segundos, en caso de que tu historia sea más larga usa 'CutStory para "dividirla" en partes de 15 segundos cada una.

Boomerang

Las películas en modo Boomerang permiten hacer GIF en bucle de hasta tres segundos de duración.

Superzoom

Superzoom es una lente de grabación de video que puede acercar la toma o el enfoque hacia el objeto que estas grabando al mismo tiempo que grabas, así como también subir el volumen. Puede crear una banda sonora dramática que acompañe a tu video

Rebobinar

Aquí puedes utilizar la lente de rebobinado para filmar un video en reversa.

Stop Motion

Esta lente filma videos geniales de movimiento detenido. Estas son varias imágenes fijas entrelazadas en un video sin interrupciones.

Manos libres

Aquí simplemente usa el modo manos libres para configurar una cámara para filmar un video.

Después de editar tu foto o video, toca "Su historia" o "Siguiente" para compartir. Puedes guardar tu video o foto editada en tu galería tocando "Guardar".

¿Cómo involucrar a la audiencia en Instagram?

· Hacer uso de personas influyentes (influencers)

Llégate a cuentas y usuarios influyentes de Instagram. Los influencers de las redes sociales se consideran celebridades modernas. Al colaborar con los programas de influencers, estás bien informado sobre las tendencias recientes.

Asóciate con personas influyentes que no solo tengan un gran número de seguidores, sino también los seguidores correctos con los que puedas participar. Este es el tipo de seguidores del que puedes participar en sus conversaciones. Esto es mucho más fácil que comenzar el tuyo desde cero.

· Use la reprogramación

La reprogramación es publicar una foto que es de otra cuenta en la tuya. Esta es una de las formas más efectivas y fáciles de involucrar a la audiencia. Crea una relación mutuamente beneficiosa que convierte a un fanático casual en un embajador.

Tu feed también se llena con excelentes fotos que te ahorran el tiempo de tomar las fotos tú mismo. Tus fotos reprogramadas probablemente harán que más fanáticos compartan más, creando un ciclo de Contenido generado por el usuario (UGC por sus siglas en inglés)

Los consejos para atraer UGC en Instagram incluyen;

Usar hashtag convincente

Organizar concursos de fotografía a través de Instagram

Estar pendiente de tus imágenes etiquetadas

Fomentar el envío de fotos

Usar tus subtítulos para provocar discusiones

Recuerda que Instagram es una red social visual y las fotos son más importantes; por lo tanto, se puede utilizar para impulsar una mayor participación. Invierte mucho tiempo elaborando un título cautivador que le de vida a tu imagen, lo que hará que los seguidores se relacionen con tu contenido.

Ten una voz consistente, como directrices suaves, letras que sean congruentes, agrega marcas de tiempo o fecha, y cosas por el estilo, que animen a los seguidores a responder.

· Sé parte de las cadenas de comentarios.

Monitorea los comentarios, ya sean positivos o negativos. Aprecia a los seguidores por sus amables comentarios o por etiquetar a sus amigos. Responde a los comentarios que soliciten más información sobre la foto.

Ser receptivo a los comentarios le demuestra a tus seguidores que ellos te importan o que son importantes para ti. Esto también genera lealtad.

· Participa en concursos y campañas.

Instagram tiene la opción de ejecutar concursos que pueden ayudar a crear seguidores y también aumentar el compromiso. Algunos de estos concursos a considerar incluyen;

Concursos de "Me gusta": aquí, simplemente solicita a los usuarios que agreguen un "Me gusta" a tu foto para poder participar en un concurso y ganar un premio.

Concursos de comentarios: aquí, ingresan al concurso comentando tu foto. Por ejemplo, se les puedes pedir que etiqueten a tres amigos o que digan por qué quieren ganar el premio. Este tipo de concurso te permite recibir comentarios relevantes y también tráfico directo a tu cuenta.

Concurso de reprogramación: aquí, solicitas a aquellos que desean participar en el concurso que reprogramen una imagen que estés etiquetando en tu cuenta. De esta manera, obtienes el beneficio no solo de tus seguidores, sino también de los seguidores de tus seguidores.

Concurso Photo Challenge: este es un concurso popular de Instagram que utiliza hashtags.

Descubrir ideas en una historia de Instagram

La función "Historia de Instagram" es uno de los componentes más populares en esta aplicación. Es una plataforma poderosa que potencia el compromiso en la aplicación. A continuación vemos algunas ideas de historias que impulsan un compromiso efectivo;

· Ir en vivo

Cualquier cosa puede suceder en una transmisión en vivo y es probable que muchos usuarios sintonicen. Además, en la transmisión en vivo las preguntas se atienden rápidamente, por lo que es un lugar perfecto para una sesión rápida de preguntas y respuestas. Antes de la transmisión de Instagram en vivo, tus seguidores recibirán una notificación de tu transmisión en vivo prevista, lo que te ayudará a construir tu audiencia en vivo.

Después de la transmisión en vivo, puedes subirlo a tus historias, haciendo posible que los seguidores que no pudieron sintonizar tengan la oportunidad de verlo más tarde.

· Guiar a los usuarios a tu contenido.

Puedes utilizar un llamado a la acción convincente en tu historia y, por lo tanto, atraer tráfico a tu sitio. Ten en cuenta que Instagram permite agregar un "enlace deslizante hacia arriba" a tu historia. Por ejemplo, Starbucks estaba promocionando sus nuevas bebidas frías en sus historias de Instagram. Invitaron a los seguidores a deslizar hacia arriba para hacer sus pedidos.

Otros usos adicionales o la función de enlace incluyen;

Anunciar el contenido del blog

Promover contenido extenso como tutoriales y seminarios web

Probar contenido exclusivo

· Ofrecer un adelanto

Puedes usar las historias de Instagram para tentar a tus usuarios con un evento futuro o un anuncio que harás próximamente a tus seguidores de Instagram, haciéndolos sentir especiales. Esto producirá que hagan planes para venir al evento real. Tales gestos ayudan a generar confianza y les da a tus seguidores una gran razón para seguir tu cuenta.

· Tener un detrás de escena para tus seguidores.

Puedes tener un "elemento detrás de escena" como una receta popular o un día en la vida de un empleado, solo para construir una conexión más profunda e íntima con tus seguidores. Agrega un elemento "humano" en las historias de Instagram.

· Encuesta a tu audiencia

Esta es una nueva característica en Instagram. Es una forma realmente divertida de atraer seguidores. Por ejemplo, los equipos deportivos han utilizado encuestas en Instagram para que los fanáticos puedan predecir el resultado de un juego.

Crear una encuesta en Instagram es simple. Solamente graba tu historia, luego abre el menú de etiquetas y toca el icono de la encuesta. Aquí se te pedirá que agregues una pregunta y personalices tu elección de respuestas. Los seguidores ahora podrán emitir su voto y ver los resultados en cualquier momento que regresen para ver la Historia.

Aplicaciones que mejoran las historias de Instagram

En el mercado actualmente están disponibles muchas aplicaciones para el editor de historias de Instagram que son capaces de mejorar tu experiencia de Instagram. A continuación vemos algunos de estos;

• Adobe Spark Post

Adobe Spark Post ofrece efectos animados que puedes utilizar en tus fotos. Es compatible con iOS, Android y plataformas de escritorio. Viene con diferentes opciones para ajustar el tamaño de cualquier publicación que realices. La mayoría de las personas prefiere convertir sus fotos en videos de cuatro segundos para compartirlas como historias en Instagram.

Para usar la aplicación, toca el signo + verde en la parte inferior de la pantalla. Selecciona la imagen de fondo, ya sea un color sólido o una foto. Cuando la historia está lista, compártela simplemente tocando el botón. También puedes guardar historias en tu cámara.

• Video Shop

Está disponible tanto en Android como en iOS.

Para agregar contenido nuevo a la aplicación, toca el ícono + en la esquina superior derecha. Para agregar más clips, ubica el ícono + en la parte inferior. La ventaja de Videoshop es que puedes abrir automáticamente el tamaño del clip que vas a importar. Si el clip importado no está en la posición correcta, puedes deslizarte a varias opciones debajo del clip y luego seleccionar las opciones para realizar la configuración que deseas.

· Filmmaker Pro

Esta aplicación de iOS te permite editar videoclips cuadrados (1: 1), horizontales (16: 9 y verticales (9:16) con facilidad. Para cambiar a la aplicación, toca el signo +. Para cambiar a los modos de color, toca el icono de engranaje a la izquierda. Su característica más sobresaliente es que puedes instalar fuentes personalizadas. Esto significa que puedes enviar, por correo electrónico, un archivo con la fuente que desees y luego tocar para abrirlo desde tu teléfono móvil. A partir de entonces, la fuente estará disponible automáticamente cuando lo desees.

· Hype Type

Esta aplicación de iOS permite agregar texto personalizado animado sobre boomerangs y videoclips. Es posible que no puedas personalizar los colores y las fuentes, pero su interfaz intuitiva es hermosa. Admite superposiciones de música en videoclips grabados y puede recortar clips a varias opciones de dimensiones.

Mientras usas esta aplicación, mantén los videoclips entre cinco y quince segundos de duración. Además, con esta aplicación, puedes crear gráficos geniales para usar en Instagram Story y publicaciones de blog cuando lo desees.

· Font Candy

Font Candy ha ganado la adoración del público y su popularidad en el pasado reciente. Es una aplicación para iOS porque es fácil de operar. La aplicación Font Candy viene con geniales obras de arte y fuentes interesantes y divertidas con las que puedes jugar al agregar tus fotos.

Comprobando el análisis

· Aumentar la tasa de compromiso

Puedes aumentar la tasa de compromiso de tus usuarios comparando las publicaciones de Instagram para identificar el contenido más atractivo. Esto lo puedes hacer de la siguiente manera;

o   Calculando la tasa de compromiso

o   Clasificando su ubicación o clasificación de acuerdo a su rata de compromiso

o   Observando las ubicaciones con mejor desempeño

· Optimizar tus tiempos de publicación

Optimiza tus publicaciones obteniendo más "Me gusta", comentarios y vistas de tu contenido tomando las siguientes acciones;

o   Calcular los siete mejores momentos para realizar tus publicaciones y las que generan la mayor participación

o   Descubrir cuándo tu audiencia es más activa

o   Usar de información sobre la ubicación para identificar las mejores zonas horarias

·   Atraer a los seguidores correctos

Atraiga a los seguidores correctos conociendo a quién atrae tu cuenta a través de:

o   Usar datos demográficos como género y edad para guiarte en la estrategia de tu contenido

o   Descubrir la ubicación de tus seguidores por ciudad, país e idioma hablado

o   Rastrear la tasa de crecimiento de tus seguidores y ver su perfil regularmente

o   Mediante el uso de Instagram Hashtag Analytics, sabrás qué hashtags funcionan mejor

Usando historias como parte de un negocio en Instagram

Las historias de Instagram son una manera fácil y rápida de interactuar con otros seguidores y usuarios. Un estudio realizado por Microsoft revela que la atención humana promedio se redujo de doce a ocho segundos en 2017. Esto se debe principalmente a la proliferación de la tecnología.

Las historias de Instagram de alguna manera atienden a este tipo de generación donde las personas tienen una capacidad de atención más corta. Esto se debe a que, a través de las historias de Instagram, solo puedes publicar videos de 15 segundos de duración por vez.

Otra cosa es que esta función está disponible para dispositivos móviles. Por lo tanto, se puede publicar en cualquier momento y en cualquier lugar, haciéndolo accesible. Estas historias desaparecen cada 24 horas, por lo que no hay necesidad de preocuparse si no se ajusta a tu publicación.

Las empresas deberían aprovechar las historias de Instagram debido a los siguientes beneficios:

- A través de Instagram, pueden publicar tanto contenido como deseen
- Instagram ayudará a su negocio a hacer crecer tu audiencia
- Instagram permitirá a la empresa interactuar regularmente con su audiencia mediante la creación de encuestas, haciendo preguntas y permitiendo a los seguidores hacer preguntas y etiquetar a otras personas
- Instagram ayudará a dirigir el tráfico hacia los sitios web

En resumen

Instagram ha crecido enormemente a lo largo de los años y continúa ampliando sus horizontes. Es atractivo para todo tipo de personas, desde turistas, anunciantes, personas influyentes, marcas y muchos más.

Ha demostrado ser una poderosa herramienta de mercadeo para pequeñas y grandes empresas que desean aumentar su alcance y visibilidad.

Capítulo 5: Secretos para ayudarte a hacer crecer tu perfil y tu audiencia en Instagram

Una de las estrategias para hacer crecer tu pequeña empresa es aplicar a sitios de redes sociales (SNS). Estos sitios te ayudarán a conectarte con varias personas, no solo a nivel local sino también a nivel mundial. A diferencia de los medios tradicionales que no permiten la comunicación bidireccional, los sitios de redes sociales te permiten comprender los comentarios de la audiencia sobre la información que has compartido. La respuesta que recibes de tu audiencia ayuda a reforzar o mejorar el mensaje. Existen varios tipos de sitios de redes sociales. Ejemplos de tales sitios incluyen Facebook, WhatsApp, Twitter, Snapchat, Flickr e Instagram. Algunos sitios permiten que un usuario use textos e imágenes, mientras que otros permiten que los usuarios usen solamente imágenes. Ejemplos de sitios que utilizan texto e imágenes son Facebook, Twitter y WhatsApp. En caso de que seas fanático de las imágenes, puedes usar sitios como Instagram, Flickr y Pinterest. Este artículo tiene como objetivo explorar la importancia de Instagram y cómo puedes aplicarlo para hacer crecer tu perfil y también tu audiencia.

Instagram es un sitio de redes sociales que utiliza solo imágenes. El sitio permite a los usuarios subir fotos y videos que pueden editar usando las funciones disponibles. Hay diferentes razones por las que deberías usar Instagram. Estas razones incluyen:

- **Acceso a muchos usuarios**: a nivel mundial, Instagram tiene más de 800 millones de usuarios. Este es un número significativo y como persona con mentalidad empresarial, debes registrarte en esta plataforma para acceder a un público objetivo.

- **Simplificación de las redes**: el sitio tiene características que facilitan la conexión en red con diferentes personas dependiendo de su ubicación, hashtags e intereses. Utilizando este sitio, puedes desarrollar una audiencia tanto en el ámbito local como internacional.

- **Alcance:** Instagram tiene la capacidad de permitirte llegar a una audiencia más amplia y activa que Facebook y Twitter. Esto significa que construir tu marca personal o comercial a través de Instagram es un paso crítico hacia el éxito o la expansión del negocio. Además, Instagram te permite interactuar con la audiencia al darles la oportunidad de comentar sobre tus productos o de crear nuevos hashtags.

- **Fácil de aplicar**: con Instagram, puedes comunicarte fácilmente con personas de todas partes del mundo al compartir fotos y videos desde donde quiera que te encuentres.

- **Las imágenes son un poderoso medio de comunicación**: a muchas personas les gustan las imágenes. Por lo tanto, debido a que Instagram está basado en imágenes, es una excelente manera de formar y atraer a un público objetivo. En un periodo corto, una foto se comunicará mucho mejor que un texto.

- **Conexiones**: Instagram te ofrece la oportunidad de conectarte con una gran cantidad de personas que tienen el mismo interés que el tuyo. La investigación ha demostrado que muchas personas participan activamente en esta plataforma, la mayor parte del tiempo, en comparación con otras plataformas como Facebook y Twitter. Por lo tanto, al usar este medio, es probable que te conectes socialmente con muchas personas tanto en el ámbito local como global.

- **Sentimiento empresarial**: es probable que se encuentren muchas más marcas tanto grandes como pequeñas, en Instagram que en otras plataformas, incluyendo Facebook y WhatsApp.

- **Atractivo visual**: las imágenes hablan mucho en poco tiempo. Muchas personas prefieren historias contadas a través de fotos que las ofrecidas en forma de texto. Esto se debe a que las fotos son más fáciles de leer que tener que pasar a través de un texto.

- **Adecuado para todas las empresas**: esta plataforma se adapta a todo tipo de empresas, ya sean grandes o pequeñas. En este sentido, tienes la oportunidad de promocionarte a través de este medio.

¿Cómo hacer crecer tu perfil en Instagram?

Una ventaja importante de Instagram es que este ofrece la oportunidad de expandir tu negocio a través de un público objetivo. El público objetivo es aquel que está interesado en los servicios o productos que ofreces. En caso de que quieras hacer crecer tu perfil a través de Instagram, existen diferentes estrategias que puedes aplicar. Éstos incluyen:

- **Perfil**: en su cuenta de Instagram, debes tener una biografía excepcional y una que capture la esencia de tu negocio. Asegúrate de que el registro de tu empresa sea sobresaliente y pueda atraer a una gran audiencia. Para asegurarte de que tu foto de perfil sea excepcional, asegúrate de aplicar tonos que capturen el estado de ánimo, el tono y la atmósfera de tu negocio.

- **Por qué estás aquí**: es esencial informar a tu audiencia por qué estás usando esta plataforma. En este sentido, tú estás intentando hacer que la audiencia se conecte con tu marca.

- **Importancia de una estrategia**: el objetivo de utilizar cualquier plataforma de redes sociales es hacer crecer tu negocio. Antes de comenzar a publicar imágenes en este sitio, es esencial tener un plan de negocios. Este plan debe indicar la etapa en la cual tu empresa comenzará a publicar fotos en este sitio y qué intención u objetivo te gustaría lograr.

- **Aplicación de hashtags**: cuando se usan hashtags, es esencial que salga la voz de tu empresa en lugar de permitir que sea tu voz. A través de los hashtags, se debe escuchara voz de tu marca. Cuando deseas tener éxito en el uso de hashtags, es esencial asegurarse de que sean relevantes y que se apliquen con moderación. Realizar algunas investigaciones de antecedentes es vital. Este tipo de estudio te permitirá generar los mejores hashtags y los que muchos de tus seguidores darán "Me gusta". Dos herramientas clave te ayudarán a seleccionar los hashtags relevantes. Estos incluyen los bots de Websta e Instagram. La conclusión es que tienes que asegurarte de que a tu audiencia le gusten los hashtags que usas.

- **Imágenes**: lo que te permitirá promocionar tu perfil a través de Instagram es el tipo de fotos que utilizas. En este sentido, es recomendable aplicar las funciones relevantes de Instagram para embellecer tus imágenes.

- **Ser diferente**: Para tener éxito en esta plataforma, siempre debes esforzarte por ser diferente a los demás. Debes asegurarse de utilizar estilos específicos que ayuden a identificar tu marca entre todos los demás. En este sentido, es aconsejable utilizar el mismo marco, filtros y otras técnicas asociadas.

- **Compartir el contenido de tus seguidores**: cuando compartes contenido que ha sido generado por tu audiencia, ellos se sienten muy bien. Puedes solicitar a tus seguidores estas imágenes para la reprogramación. Es esencial dar crédito al contenido de la audiencia antes de compartirlo para que no se vea como un contenido generado por ti o tu empresa. Cuando los seguidores ven sus fotos compartidas en tu cuenta de Instagram, es probable que etiqueten a sus amigos y, a través de este enfoque, aumentan tus seguidores.

- **Conocer acerca de tu público**: para tener éxito en la generación del mejor contenido, es esencial entender a tu audiencia. Muchos usuarios encontrados en Instagram son los jóvenes a los que les gusta el contenido moderno y atractivo. Es crucial llevar a cabo una investigación de antecedentes sobre ellos para permitirte a ti generar contenido con el que ellos se identifiquen. Por ejemplo, en caso de que vendas ropa de maternidad, tu público objetivo son las futuras madres. Usa la terminología correcta para referirte a ellas y que puedan conectarse contigo a nivel emocional. Por ejemplo, puedes dirigirte a ellas como las madres del mañana.

- **Contar historias conmovedoras**: a muchas personas les gustan las historias. A través del espacio que te dan para los subtítulos, puedes contar una historia sobre tu imagen. Hazle saber a tu audiencia cómo comenzó tu negocio y los desafíos que has enfrentado en el camino. Estas historias hacen que el público se identifique con tu marca. Por ejemplo, puedes publicar una imagen que capture una etapa en tu negocio cuando descubriste que avanzar era casi imposible porque no tenías los fondos requeridos. Pero debido a que tenías ideas, buscabas un patrocinio que te permitiera superar el desafío. Esta imagen le dirá a la gente que, a pesar de las dificultades y los desafíos, aún puedes superarlos y tener éxito en los negocios.

- **Tiempo**: el momento en que publicas tu imagen es esencial, ya que determina la cantidad de personas que la verán. Por ejemplo, considera subir tus fotos temprano en la mañana los días de semana y durante todo el día los fines de semana. En caso de que desees conocer el mejor momento para publicar tu contenido, es esencial utilizar las herramientas de Google Analytic.

- **Conexiones emocionales**: a las personas les gusta el contenido con el que pueden conectarse fácilmente a nivel emocional. En este sentido, debes aprender a personalizar tu contenido. Necesitas publicar material que muestre seres humanos, para permitir que la audiencia se conecte contigo a nivel emocional. Tener una audiencia que se conecte contigo a un nivel emocional también logrará que la misma audiencia se conecte con su negocio de manera similar.

- **Responder a los comentarios**: es esencial que tus seguidores se involucren asegurándote de responder a sus comentarios. A muchas personas les encanta cuando respondes a sus comentarios. Muestra que aprecias su tiempo al dedicar algo de tu tiempo para responder a lo que están diciendo.

- **Ser firme**: a los seres humanos no les gustan los vacíos. En este sentido, es vital asegurarse de que eres coherente con tus publicaciones en Instagram. Debes evitar tomarte demasiado tiempo entre las publicaciones de contenido. Se espera que lo hagas a diario.

- **Sé divertido**: es esencial evitar publicar contenido aburrido. Debes tener sentido del humor y hacer reír a la audiencia con lo que publicas. Evita publicar contenido académico en Instagram, ya que a muchas personas no les gusta. Te vuelves más atractivo cuando publicas material divertido y muchos lo compartirán. Solo imagina cómo será tu día encontrando una historia divertida en la mañana. Probablemente sonreirás durante todo el día. En caso de que desees que tu marca sea memorable, siempre comparte contenido divertido con tu audiencia.

- **Uso de otras plataformas**: puedes tener más seguidores de Instagram cuando promocionas tu contenido de Instagram en otros sitios de redes sociales como Facebook y Twitter. Las personas que encuentren este contenido irán a tu página de Instagram, donde encontrarán más contenido.

- **Asociaciones estratégicas**: puedes obtener más seguidores en Instagram al colaborar con marcas con las que tienes muchas cosas en común. Estas marcas te ayudarán a encontrar audiencias más activas, lo que te permitirá llevar tu negocio a otro nivel. Por ejemplo, una marca de telecomunicaciones puedes asociarse con un banco para obtener más seguidores en Instagram.

- **Asociaciones con influencers**: los influyentes en tu industria pueden actuar como embajadores de la marca que difundirán la palabra sobre tu negocio y te permitirán tener más seguidores en tu Instagram. Es importante desarrollar asociaciones con ellos.

- **Concurso fotográfico**: puedes realizar concursos fotográficos en los que solicitas a los participantes que capturen sus mejores imágenes y las publiquen en tu página de Instagram. A través de estos concursos, debes pedirles a los participantes que etiqueten a sus amigos. Si le informas a los participantes que la mejor imagen recibirá un premio, es probable que le digan a más personas que empiecen a seguirte. Desde esa perspectiva, tú aumentarás tu audiencia.

- **Optimización de su perfil**: para asegurarte de que tu perfil esté altamente optimizado, asegúrate de utilizar un manejador de Instagram con letras pequeñas precisas. Además, aplica una imagen relacionada, usa las palabras clave correctas y escribe la mejor biografía.

- **Etiquetado de personas**: una forma de aumentar el número de seguidores a través de Instagram es mediante el etiquetado de personas. Los etiquetados estarán emocionados y comenzarán a seguirte.

- **Conocimiento sobre sus competidores**: es esencial comprender a tus competidores para poder atraer al público de ellos. Debes realizar una investigación de antecedentes sobre tus rivales para comprenderlos.

- **Anime a los seguidores a actuar**: puedes publicar una foto emocionante y pedirles a los seguidores que te regalen un "Me gusta" y etiquetar a un amigo. Al alentar a tus seguidores a actuar, es probable que aumente tu audiencia.

- **Creación de un tema para tu contenido**: es esencial tener un concepto para tus imágenes. Por ejemplo, si eres un fotógrafo de bodas, puedes usar términos como encantador, hermoso, etc.

- **Dale "Me gusta" al contenido de otras personas y síguelos**: es probable que las personas agradezcan y correspondan tu gesto. Cuando te gusta su contenido, haz un comentario útil y comienza a seguirlos, también comenzarán a hacerlo por su lado. No puedes esperar que la gente empiece a seguirte si tú no los apoyas.

- **Fotos detrás de escena**: en aquellas industrias donde las personas no entienden lo que sucede detrás de escena, ocasionalmente puedes compartir fotos sobre cómo operas detrás de escena. Este tipo de contenido atraerá a muchos seguidores.

Capítulo 6: Consejos para sacar el máximo provecho de cualquier perfil de Instagram

Las innovaciones de nuevas aplicaciones están sucediendo hoy en día a diario. Las aplicaciones de redes sociales son las más buscadas en todo el mundo. Instagram es una de las aplicaciones más descargadas, ya que es gratuita y permite a sus usuarios compartir videos y fotos capturadas. Facebook la adquirió, otra aplicación popular de redes sociales, apenas dos años después de su creación. Las entidades corporativas y las pequeñas y medianas empresas han ingresado a Instagram para hacer crecer sus bases de mercado.

Las aplicaciones sociales necesitan actualizarse a menudo para mantenerse en la cima del juego, y es por eso que Instagram presenta nuevas funciones regularmente. La popularidad es un factor a considerar para seguir siendo relevante. Las numerosas características introducidas en la aplicación pueden crear algunas dificultades para algunos que quieran usarla. A continuación se presentan algunos de los consejos generados para ayudar a las personas a aprovechar al máximo los perfiles de Instagram y a impulsar una marca.

1. **Consistencia en la carga de historias y publicaciones**

La función de historia de Instagram puedes permitir a los usuarios de la aplicación reunir historias en su perfil compartiendo fotos o videos que hayan sido tomados. La historia se hace más atractiva al agregarle efectos, melodías e incluso textos. La singularidad de la historia de Instagram es la duración de la visibilidad. La historia cargada desaparece automáticamente después de 24 horas de su tiempo de carga. Sin embargo, la publicación regular de Instagram permanecerá visible y, por lo tanto al crear una marca, uno debe cargar continuamente en las historias de Instagram , en el mejor de los casos, una vez al día. Esta práctica le permitirá a uno mantener su relevancia.

La publicación regular de Instagram debe hacerse todos los días. No publicar durante días no le hace justicia a la marca que intentas crear. La ideología "fuera de la vista, fuera de la mente" se aplica en este escenario. Se trata de crear una rutina y apegarse a ella.

La característica de Historias de Instagram tiene numerosas ventajas para las personas influyentes y organizaciones que la explotan. Los siguientes son algunos de los aspectos positivos de la función:

Se puede utilizar para capturar proyectos "detrás del escenario" que son llevados a cabo por marcas o personas influyentes, ya que no requiere la atención a los detalles que se requiere en las cargas regulares de Instagram.

Tiene varias características que lo hacen más divertido de usar, como sonidos y efectos de filtro.

Las historias de Instagram son exhibidas en la parte superior de la línea de tiempo de los seguidores y, por lo tanto, es lo primero que se ve cuando se abre la aplicación.

Las historias se muestran de manera resaltada en la parte superior de las líneas de tiempo de los seguidores justo debajo del logotipo de Instagram.

La característica como sus límites y su disponibilidad está restringida a las aplicaciones móviles. El elemento de la historia de Instagram se puede enviar a un seguidor como un mensaje directamente a su aplicación en la bandeja de entrada.

2. **Crea una marca que esté asociada con la positividad.**

Las únicas personas en Instagram que tienen una base de fans preparada son las celebridades, mientras que otras comienzan desde abajo. Las personas y las empresas deben seguir hashtags que muestren sus visiones y objetivos con los que desean que sus clientes asocien su marca. Por ejemplo, un fanático del fútbol puede seguir, dar "Me gusta" y comentar fotos o hashtags que sean relevantes para el deporte. ¿Crear una tienda de zapatillas? Sigue y discute la colección de zapatillas de los usuarios y los consejos de la moda. A través de este compromiso, un usuario puede pasar de ser un seguidor a un cliente. No dejes que las personas te vean como desesperado por atención. Esto solo los alejará.

3. Cómo usar la función deslizar hacia arriba en la aplicación

Esta es una de las características con mejor receptividad al usar Instagram como herramienta de mercadeo. Permite a los seguidores "deslizar hacia arriba". Las marcas de las organizaciones y las personas influyentes en las redes sociales que tienen miles de seguidores pueden usar la función para su ventaja. Implica agregar un enlace a un sitio web. El enlace directo creado será visible automáticamente para cualquier persona que deslice hacia arriba. A través de esto, los visitantes son dirigidos a páginas web de marcas que generan tráfico. Las marcas y las personas influyentes pueden comercializar sus productos y contenido.

4. Promover la creatividad mientras se comercializan los contenidos y el trabajo realizado.

Las marcas deben promover los resultados de su capacidad de ofrecer productos y no el producto que están haciendo. Es vital agregar valor a los seguidores y clientes potenciales mientras se mantiene una imagen perfecta. Crear una marca que esté asociada con cosas buenas, de alta calidad, agrega valor a la organización. El contenido vital y visual también es una perspectiva positiva.

Si las operaciones comerciales están en el sector de la hostelería, se debe poner énfasis en las prácticas llevadas a cabo detrás de escena de la hostelería. Los objetivos, la misión y las visiones de la organización se pueden llevar al mundo creando videos de empleados que demuestren la cultura de la organización.

5. Ir con seguidores detrás de escena

Los estudios han demostrado que los clientes y seguidores tienen un alto nivel de interés asociado con saber cómo se crearon los elementos que usan y el proceso involucrado. Con la aplicación de Instagram, se puede mostrar a los clientes y seguidores de la compañía lo que ellos requieren. Los seguidores sentirán que son apreciados y son parte de la empresa cuando se emplean tales tácticas. Las fotos de las reuniones y cómo los empleados están haciendo una lluvia de ideas se pueden subir e involucrar a los seguidores en la sección de comentarios. Cuando se cargan diferentes imágenes con diferentes subtítulos, es probable que alguno llame la atención de los seguidores y, por lo tanto, genere tráfico. No es necesario eliminar fotos o videos que no recibieron atención, ya que pueden archivarse.

6. **Usando hashtags para crecer en el número de seguidores y base de mercado**

Los hashtags se pueden usar para desarrollar la marca y poder llegar a muchas personas. Las motivaciones para tales hashtags pueden ser diferentes, como anunciar un producto lanzado, campañas para artículos existentes y también campañas para un curso. Los hashtags deben ser realistas y mostrar las actividades cotidianas de un individuo común. El nombre del curso se puede usar como un hashtag o el nombre de la empresa. Permite a las personas llegar a tu plataforma rápidamente cuando intentan encontrar productos asociados con la marca y la cuenta.

En general, se recomienda que se usen entre cuatro y seis hashtags en el sector de subtítulos aunque el límite sea 30 bajo una carga. Los hashtags de tendencia también se pueden usar para llegar a un público más amplio, como #mcm, #tbt y #wcw, que son algunos de los hashtags más populares visitados.

7. **Reunirse en forma de colaboraciones y etiquetar a otros.**

La plataforma creada por la aplicación de Instagram es tan grande que se usa para mostrar diferentes asociaciones realizadas por marcas y personas influyentes. El éxito, las contribuciones y las historias filantrópicas se pueden compartir en todo el mundo. Cuando las empresas se asocian para retribuir a la sociedad, se puede resaltar. Etiquetar cuentas que están asociadas con tales actos también es una ventaja ya que a través de eso, también aprovechas tu amplia audiencia, haciéndote notar.

Las marcas y personas influyentes también usan otros medios para ayudar a aumentar su audiencia mediante el uso de "gritos". La práctica permite que cada cuenta aproveche la audiencia del otro, por lo tanto, tienen un impacto positivo. A saber, hay dos maneras de hacer "Shout out" en Instagram (este es un tipo de mención que se hace en una publicación para que tus seguidores conozcan el perfil mencionado): pagados y no pagados. El reconocimiento no remunerado implica diferentes cuentas con el mismo número de seguidores, por lo que esta acción los beneficia a ambos. El "Shout out" pagado incluye una cuenta con una audiencia mucho más grande que la otra. La cuenta más importante está financiada por la otra marca para promocionar los productos o servicios ofrecidos e incluso ganar seguidores en el evento.

8. **Crear una sensación de suspenso y singularidad.**

El arte de hacer que tus seguidores y clientes quieran más de tu marca es una herramienta positiva. Crea un entorno en el que los seguidores estén siempre ansiosos por las publicaciones. Cuando la compañía está lanzando nuevos productos o servicios, hace que los clientes sean los primeros en saber a través de las redes sociales. Crea historias cortas de Instagram que les hagan querer más información sobre la historia. Recompensar a los seguidores de vez en cuando a través de campañas es la mejor manera de hacer que las personas que te sigan tengan una impresión de superioridad con respecto a los demás.

9. **Hacer uso de los diversos formatos de video disponibles en Instagram**

Como dice el refrán, una imagen vale más que mil palabras, pero otras personas creen que los videos de la sociedad moderna valen aún más. Esta aplicación de redes sociales tiene diferentes formatos de video que pueden ser utilizados por los usuarios de Instagram para hacer publicidad. Por ejemplo, las historias de

Instagram se pueden usar para transmitir eventos y reuniones en vivo, así como también versiones grabadas. Además tiene la opción de mezclar videos con un formato de tiempo en videos individuales de un minuto de duración. Las historias de Instagram soportan el formato de video vertical de pantalla completa. Las fotos y los videos se pueden combinar en uno para producir un anuncio muy cautivador.

10. **Usar subtítulos y closed captions**

La mayoría de las personas prefieren el video al audio y es por eso que los usuarios de Instagram generalmente silencian el sonido mientras observan el video. Por estas razones particulares, las marcas pueden emplear el uso de subtítulos para transmitir el mensaje deseado. Estudios realizados muestran que un video que tiene un subtítulo tiene un 13% más de audiencia que un video sin subtítulos. Los videos que tienen subtítulos también tienen una mayor posibilidad de ser vistos en comparación con uno que solo tiene audio.

11. **Use la función GIF**

Se ha observado que las personas tienden a mirar hasta el final de los videos más cortos, de 20 segundos o menos. Aquí es donde las marcas pueden utilizar la función GIF para su beneficio. La mayoría de las personas encuentran los GIF más atractivos que las imágenes. Hay dos formatos de GIF, a saber, PNG y JPEG. Esta característica es más atractiva porque es menos costosa y tampoco consume mucho tiempo en comparación con los videos.

Con esta idea en mente, los desarrolladores de Instagram presentaron el Boomerang. El Boomerang implica grabar una secuencia continua, unirla y luego transmitir repetidamente videos cortos enlazados.

12. **Perfil Bio Creatividad**

La biografía de Instagram es donde las personas pueden venderse, tanto a su marca como a ellos mismos, mostrando su trabajo y detalles sobre ellos. También se puede aprovechar la oportunidad para agregarle más detalles al comentar sobre los pasatiempos y entretenimiento en sus vidas. Todo es por diversión o entretenimiento, y mucha seriedad no es suficiente para los seguidores.

Algunas de las mejores formas de mostrar la creatividad en la biografía de individuos de Instagram es a través de;

- Emplear el uso de Emoji en el espaciado de texto.

Esta es la técnica más utilizada para espaciar textos en una biografía. Al integrar el uso de Emoji, es capaz de resaltar el colorido en una biografía aburrida y también la parte divertida. La creación de Emoji ha hecho que las aplicaciones sociales sean más atractivas para que el impacto de la mensajería también pueda reflejarse fácilmente. Los emojis pueden mostrar la personalidad, el factor diversión, el país y el estado mental de uno.

- Usando diferentes fuentes en la biografía

La popularidad de esta técnica ha disminuido con el tiempo, aunque solía ser la mejor manera de tener biografías únicas y diferentes de otras personas. Hay aplicaciones de terceros que pueden usarse para ayudar a generar una fuente espectacular para las biografías de Instagram.

- Saltos de línea

Crear saltos de línea en una biografía puede ser útil al aportar un poco de formalidad. Crea una sensación de autenticidad en una biografía que te permite destacarte en el perfil. La función de salto de línea solo es visible en aplicaciones móviles.

- Tener un "llamado a la acción" en la biografía Instagram de una marca

Tener un llamado a la acción es vital para la marca que uno quiere crear. Tus seguidores pueden distinguir tu marca de los demás al conocer tu llamado a la acción, especialmente en un escenario. Esto es atractivo. Las frases pegadizas pueden mejorar significativamente el compromiso de los seguidores con la marca.

- Indicar ubicación y horario de trabajo

Conocer la ubicación de la empresa puede ayudar a los clientes potenciales a llegar rápidamente. Las horas de trabajo también dan a las personas más información sobre la organización. La información que se muestra en la biografía puede ser utilizada por los clientes y también llegar a un público más amplio.

- Crear un enlace en tu biografía de Instagram a tu sitio web

Cuando el tráfico en tu cuenta de Instagram es alto, puedes usar esto para tu ventaja. En la biografía se puede colocar un enlace al sitio web. El enlace puede hacerse más atractivo ofreciendo recompensas y promociones a los seguidores que decidan visitar el sitio. El tráfico de Instagram también genera tráfico de sitios web, lo que lo hace más beneficioso para las personas influyentes y las marcas.

Capítulo 7: Uso de publicidad paga en Instagram para aumentar tu alcance

En este capítulo, aprenderá acerca de la publicidad paga en Instagram, su costo y las diversas formas en que se puede hacer. También aprenderá sobre publicidad a través de historias de Instagram y por qué es útil. ¡Sigue leyendo para descubrirlo!

¿Cuánto cuestan los anuncios de Instagram?

El costo promedio por clic para los anuncios de Instagram es de alrededor de $ 0.70 a $ 0.80. Sin embargo, el costo de tu anuncio específico dependerá de tu presupuesto, porque no todos los anuncios son iguales. El costo estimado proviene de un análisis realizado sobre más de $ 300 millones gastados en anuncios en un período determinado.

Debes tener en cuenta que la cifra estimada es solo el costo promedio por clic, tus anuncios pueden costar menos o más, dependiendo de varios factores. Varios anunciantes de Instagram consideran que los anuncios tienen una participación muy alta, pero esto tiene un costo. Keith Baumwald, el fundador de Leverage Consulting, dice que los anuncios de Instagram son un poco más costosos en comparación con los de Facebook, pero vale la pena dado el hecho de que su tasa de conversación es muy alta. Los anuncios de Instagram brindan a los anunciantes la oportunidad de controlar cómo se asignan los presupuestos. Por ejemplo, puedes elegir cuánto puedes gastar en un solo día estableciendo límites diarios. También puedes establecer el monto total a pagar durante un período determinado hasta que se agote el presupuesto.

Algunas de las otras formas en que puedes controlar el presupuesto incluyen la configuración de una programación de anuncios incluyen especificar ciertas horas del día en que prefieres que se publiquen tus anuncios. También puedes establecer tu método de publicación de anuncios, así como establecer el monto máximo a pagar.

Por qué la publicidad en Instagram es buena para tu negocio

Mucha gente está usando Instagram. Una encuesta reciente mostró que hay más de mil millones de usuarios de Instagram. Con un número tan alto de usuarios, no hay límites para lo que tu empresa puede lograr a través de anuncios.

Cualquier empresa puede prosperar en Instagram independientemente del tamaño. Las estrategias publicitarias correctas siempre cumplirán las necesidades de tu negocio. La publicidad de Instagram también puede permitirte ganar dinero directamente. Instagram tiene un mayor énfasis en generar altos ingresos a través de la colocación de productos. Recientemente lanzaron una plataforma llamada Shoppable Posts que permite a las empresas agregar enlaces a sus anuncios de publicaciones que incluyen el precio, el botón "Comprar ahora" y la descripción del producto, lo que a menudo influye en los usuarios para comprar el producto.

Cómo anunciarse en Instagram

Para los principiantes, la publicidad en Instagram puede parecer muy complicada, pero si ya se ha anunciado en Facebook, no hay mucho que aprender. Los anuncios de Instagram se pueden configurar a través del Administrador de anuncios de Facebook. Si nunca antes has anunciado en Facebook, no te preocupes, a continuación te llevaré a través del proceso.

En este artículo, me enfocaré en crear anuncios a través del Administrador de anuncios de Facebook, que es el método más popular, gracias a su facilidad de uso y la capacidad de personalizar tus anuncios. ¡Sigue los pasos a continuación para crear tu anuncio de Instagram!

1.   Ve al Administrador de anuncios de Facebook

El primer paso es ir al Administrador de anuncios en Facebook. Puedes hacerlo simplemente siguiendo un enlace, suponiendo que hayas iniciado sesión en la cuenta de Facebook correspondiente.

Es posible que te preguntes, ¿por qué usar el Administrador de anuncios de Facebook, pero quieres tu anuncio en Instagram? La razón es que no hay un administrador de anuncios específico para Instagram; Todos los anuncios de Instagram se gestionan a través de la interfaz de usuario de Facebook Ads.

2. Establece tu objetivo de mercadeo.

Este es uno de los pasos más importantes al hacer un anuncio de Instagram. Es la razón principal por la que has decidido patrocinar tu anuncio; ¿Necesitas más tráfico del sitio web? ¿Estás buscando aumentar el conocimiento sobre el producto? Tienes la libertad de establecer el objetivo de tu anuncio. Echemos un vistazo a cada uno de los posibles propósitos y lo que significa.

• **Conocimiento de la marca:** este es el objetivo más estándar que mostrará tus anuncios a clientes potenciales que puedan estar interesados en tu producto o servicio. Este objetivo, sin duda, expondrá tu marca a personas importantes.

• **Alcance:** este es el número de personas a las que llega tu publicación; Es un número mayor que las personas que ven tus anuncios en tu página principal. Lo mejor de este objetivo es que aprovecha la función de prueba dividida de Facebook, que te permite dividir tu prueba de anuncios en dos y descubrir cuál genera más conversación.

• **Trafico:** si estás buscando atraer más lectores a tu sitio web o más personas a la tienda de aplicaciones para que puedan descargar tu aplicación, este es el objetivo por el que debes optar. Por lo tanto, puedes elegir uno de los dos y darle la bienvenida a un tráfico mayor.

• **Compromiso:** si deseas más "Me gusta", comentarios compartidos y compromiso general, debes ir por el objetivo referente al compromiso. Sin embargo, debes tener en cuenta que solo puedes pagar el "compromiso de publicación" en Instagram.

Facebook permitirá tanto el "compromiso de la página" como las "respuestas a eventos", una opción actualmente no disponible para Instagram

• **Instalaciones de aplicaciones:** este es el objetivo por el que debes optar si tu objetivo es aumentar las descargas de tu aplicación desde la tienda de aplicaciones. Sin embargo, tendrás que elegir tu aplicación de la tienda de aplicaciones durante la configuración.

• **Vistas de video:** Este objetivo es muy sencillo y no necesita una configuración adicional.

• **Lead Generation:** si necesitas más clientes potenciales, este es el objetivo que debes perseguir. Ten en cuenta que los anuncios de generación de clientes potenciales no proporcionan los mismos campos pre completados que los de Facebook. Instagram admite números de teléfono, correo electrónico, nombre completo y género.

• **Conversiones:** este objetivo te permite impulsar a tus clientes potenciales a tomar medidas y realizar conversiones en tu sitio web o tu aplicación. Debes configurar una aplicación o un píxel de Facebook basado en el sitio que deseas promocionar. Esto te permite realizar un seguimiento a tus conversiones.

3. Configura tu público objetivo.

Después de seleccionar tu objetivo, debes encontrar un público objetivo apropiado para tu anuncio. Esto es fácil de hacer porque usarás la profundidad demográfica de Facebook para llegar a las personas adecuadas. A continuación se presentan algunos de los aspectos que debes considerar al configurar tu audiencia.

• **Ubicación:** te permite apuntar a un país, estado, región, ciudad, código postal, excluir o incluir lugares específicos, entre otras consideraciones.

• **Edad:** te permite orientar las edades específicas de personas de 13 a 65 años o más

• **Género:** algunos productos y servicios solamente están destinados a un solo género; esto te permitirá especificar eso.

• **Idioma:** es útil cuando deseas centrarte solamente en personas que hablan un idioma específico. Facebook, sin embargo, recomienda dejar de lado esta opción.

- **Intereses:** Esto generalmente se encuentra bajo una selección de objetivos detallada. Está destinado a llegar a las personas interesadas en ciertos productos y actividades. Por ejemplo, si tu anuncio habla de bebidas, ¡su objetivo debe ser la gente interesada en bebidas y refrescos!

4. Elije tus ubicaciones

Después de dirigirte a tu audiencia, es hora de que aprendas a elegir tus ubicaciones. Este es el paso en el que decidirás dónde deseas que aparezcan tus anuncios, en Facebook o Instagram. Si ignoras este paso, tus anuncios aparecerán en ambas plataformas. Esto no es necesariamente algo malo, pero si tu anuncio fue específicamente destinado a Instagram, debes seleccionar la opción "Editar ubicaciones".

5. Establece tu presupuesto y programación de anuncios.

Este es el paso donde entra en juego tu poder financiero. ¿Cuánto quieres gastar en los anuncios? ¿Para qué quieres que se ejecuten los anuncios? Puedes controlar tus gastos haciendo pausas o deteniendo la campaña cada vez que sientas que tu presupuesto no se está asignando correctamente.

Puedes ejecutar la programación de anuncios para orientar horarios y días específicos de la semana, especialmente aquellos momentos en los que sientas que la mayoría de los usuarios están activos en la plataforma.

6. Crear tu anuncio de Instagram.

Después de aprender todos los pasos necesarios, ¡es hora de crear tu anuncio de Instagram! En este momento, ya tienes una idea en mente para el anuncio que deseas promocionar. Para aclarar algunas de las cosas que pueden resultar confusas, ¡analicemos los distintos tipos de anuncios!

Tipos de anuncios de Instagram

Instagram ofrece varios formatos de anuncios, desde anuncios de historias hasta carrusel. Cada uno de estos formatos de anuncios se coloca en el feed y las historias del usuario de una manera cautivadora. Miremos cada uno de estos formatos de anuncios y veamos cómo funcionan.

1. Anuncios de historias de Instagram.

Estas son transmisiones de fotos y videos auto destructibles de 25 horas muy similares a las historias de Snapchat. Instagram Stories Ads permite insertar un anuncio entre las historias del usuario. Se ajusta al formato de una historia de Instagram manteniendo la experiencia del usuario de manera ininterrumpida y consistente.

Este tipo de anuncios puede estar compuesto por una sola foto o video de hasta 15 segundos. Para una conversión máxima, usa medios de alta calidad, ya sea que optes por un video o una imagen. Los anuncios fotográficos duran solo 5 segundos, mientras que los anuncios de video duran hasta 15 segundos. Una vez visto, los usuarios no pueden volver a él como una historia normal, lo que significa que solo se puede ver una vez.

2. Anuncios fotográficos

Los anuncios fotográficos te permiten exhibir productos y servicios a través de imágenes atractivas. Debes usar imágenes que vendan tu producto o servicio sin acompañarlo con palabras. Es recomendable utilizar imágenes en color, ya que las imágenes simples no generarán una tasa de conversión razonable.

3. Anuncios de video

La investigación muestra que en 2018, los usuarios de Instagram pasaron significativamente más tiempo viendo videos en comparación con el año anterior. Las empresas pueden aprovechar este mercado y agrupar sus anuncios en forma de videos. Sin embargo, deberías ser muy específico con su audiencia objetivo ya que algunos usuarios no se molestarán en ver tu video, especialmente si no pueden relacionarse con tu producto o servicio.

4. Anuncios de carrusel

Este tipo de anuncios permite a los usuarios de Instagram deslizarse a través de una serie de videos o imágenes con un botón de llamada para conectarse directamente contigo. Este tipo de publicidad es perfecta para las marcas que desean mostrar la versatilidad de sus productos.

5. Anuncios de colección

Se introdujo a principios de 2018. Estos anuncios combinan el poder de los videos, las fotos y el mercadeo de respuesta directa en un gran anuncio.

Los anuncios de colección se han utilizado principalmente en situaciones en las que se necesitan videos y fotos. Son instrumentales y se sabe que producen conversaciones altas. El costo se basa en la cantidad de clics en tu publicación y la cantidad total de veces que tus videos han sido vistos.

Capítulo 8: Formas increíbles de ganar dinero en Instagram

En esta era de las redes sociales, las oportunidades para crear un flujo adicional de ingresos son ilimitadas. Tenemos bloggers, influencers y YouTubers que ya están sacando provecho de sus hazañas en las redes sociales. Afortunadamente, las redes sociales son un campo de juego sin muchas restricciones. Todo lo que necesitas para sobresalir en las redes sociales es tener un gran contenido.

La gente prefiere estar en diferentes plataformas de redes sociales. La elección depende de sus gustos y preferencias. Instagram es una de las plataformas que tiene un número significativo de usuarios activos. Si has pensado en ganar dinero en las redes sociales, hay muchas oportunidades en Instagram.

En este artículo, te mostraremos cómo puedes monetizar tu cuenta de Instagram. Al final, habrás adquirido suficiente conocimiento para comenzar a obtener ingresos en Instagram.

¿Cuántos seguidores deberías tener para ganar dinero en Instagram?

Algunos de los usuarios populares de Instagrams tienen miles de seguidores. Si bien sería genial tener tales cantidades de seguidores, no es necesario para comenzar a ganar dinero. Por lo tanto, no necesitas tener un número asombrosa de seguidores para monetizar tu cuenta de Instagram.

Como sabrás, hay muchos seguidores falsos en Instagram. Lo que necesitas son seguidores que se involucren y con un alto grado de compromiso. Si ya los tienes, solo debe pensar en maneras de ganar dinero en Instagram. Afortunadamente, no tienes que buscar más, ya que estás en el lugar correcto.

El contenido de calidad es un requisito previo para obtener ingresos en Instagram. Dicho esto, es imprescindible que cargues contenido de primer nivel en tu página de Instagram. Usa videos e imágenes claros. También te ayudará mucho si tu contenido habla el mismo idioma, ya que esto creará una identidad de marca muy necesaria. No puedes ser el soporte de todos los intercambios en Instagram. Por ejemplo, si combinas contenido de moda, viajes y ejercicio, es probable que confundas a su audiencia.

Formas de ganar dinero en Instagram

1. Mercadeo de afiliados

El mercadeo de afiliación gira en torno a la promoción de productos, en tu cuenta, para una marca seleccionada. Y cada vez que tus esfuerzos conducen a una venta, obtienes cierto porcentaje de las ganancias. Esta es una práctica popular entre los bloggers. Pero también funciona bien en las redes sociales.

Entonces, ¿cómo puedes comenzar tu campaña de mercadeo de afiliación en Instagram?

El primer paso es encontrar una marca que pueda usar tus servicios. Esto dependerá de qué se trate tu página de Instagram. Por ejemplo, si tu interés es la moda, puedes trabajar con una tienda de moda que necesite promocionar varios productos.

Lo que sigue es tomar fotos de calidad de los productos que deseas promocionar. Carga las imágenes en tu Instagram, incluido el enlace del afiliado proporcionado por la marca. Imágenes que sean irresistibles son fundamentales para impulsar las ventas. Nunca debes comprometer eso. Hazlo bien y te pagarán.

Recuerda, un enlace del afiliado debe aparecer en cada imagen de los productos que pretendes promocionar. La URL puede incluirse en tu biografía o en los subtítulos. Los enlaces largos de los afiliados no son los mejores. Es prudente mantenerlos lo más cortos posible. Use Bit.ly para acortar tus enlaces y hacerlos atractivos.

¿Cómo elegir las oportunidades adecuadas de mercadeo de afiliación?

Como señalamos anteriormente, numerosas compañías ofrecen oportunidades de mercadeo de afiliación. Tienes que elegir la marca con la que quieres trabajar estratégicamente. Busca una empresa que corresponda a tu nicho. Sin duda, tendrás una mejor oportunidad de tener éxito con dicha marca. Además, se entenderán mutuamente y avanzarán fácilmente en sus negociaciones.

Por ejemplo, si tu audiencia te sigue porque tú les da consejos sobre el estado físico, trabaja con compañías que venden productos de ejercicio. El objetivo es promocionar productos que sean importantes para el contenido que atrae a tu audiencia en Instagram.

Además, hay mercados de afiliados que pueden ayudarte a comenzar. Estos incluyen ClickBank, MaxBounty, ShareAsale, etc.

2. Crear publicaciones patrocinadas

Probablemente hayas oído hablar de personas influyentes en las redes sociales. Se trata de personas que han creado un seguimiento masivo en las redes sociales al publicar contenido que impulsa el compromiso. Su audiencia ve a estas personas como creadores de tendencias o expertos acreditados en nichos particulares. Son una autoridad y, cuando respaldan un producto, los consumidores estarán convencidos de que ese producto es el mejor del mercado.

Desde el surgimiento de los influencers, las marcas han encontrado que, asociarse con ellos, es tremendamente lucrativo. Esto sucede a través de publicaciones patrocinadas que ayudan a promocionar sus productos.

Puedes pensar que tales empresas solamente están interesadas en el tamaño de tu audiencia. Sin embargo, eso está lejos de la verdad. El nivel de compromiso con tu audiencia significa mucho para ellos. Una audiencia muy unida que muestre un inmenso interés en tu contenido es lo deseable. Además de eso, ese público es bueno para los negocios. Si tiene 1000 seguidores que muestran un gran interés en tu página, existe la posibilidad de monetizar tu cuenta.

¿Cuánto me deberían pagar por las publicaciones patrocinadas?

Cuando decidas cuánto deseas que te paguen por publicación, es importante tener en cuenta que tendrás que crear el contenido. Esto podría ser videos, imágenes o textos. La marca para la que estás publicando también puede estar interesada en usar tu contenido en otro lugar, como en su sitio web. Ofrecerás un paquete publicitario completo.

Puedes cobrar por publicación individual o por toda la campaña. Además, puedes optar por recibir un pago con un producto gratuito o una tarifa. Todo depende de cómo negocies con tu cliente. A veces puedes cobrar una tarifa y también obtener un producto gratis. Si utilizas tus productos y tu calidad es satisfactoria, entonces no deberías tener problemas para llevarlo al mercado.

Aunque parezca simple, sin duda ofrecerás un gran valor a tu cliente. Tendrán acceso a una audiencia que tú has creado a través de tus esfuerzos. También renunciarás a los derechos de tu cuenta durante un período determinado. Merece ser bien recompensado por lo que estás aportando a la negociación.

Si juegas tus cartas correctamente, puedes cobrar de $ 150 a $ 400 por publicación. Si has cambiado a una cuenta comercial, esto puede ayudarte a negociar una tarifa más alta.

¿Cómo encontrar marcas para asociarnos?

Para una persona influyente de buena reputación, probablemente no sea muy difícil conseguir clientes. Ellos los encontrarán. Sin embargo, no puedes confiar en que te encuentren. Necesitas ubicarte ahí afuera. Otras formas de encontrar marcas para trabajar incluyen listarte en los mercados de influencers. Además, puedes lanzar directamente algunas de las marcas que te interesan.

Algunos de los lugares para inscribir tu cuenta como influencer incluyen Grapevine y Fohr Card. Es imprescindible que notifiques a tu público en lo que respecta a las publicaciones patrocinadas. Esto ayuda a mantener la confianza y la integridad que has construido con el tiempo.

3. Venta de fotos

Instagram es una gran plataforma para exhibir imágenes digitales y fotografías. Esto se hace cada vez mejor si tienes imágenes de alta calidad, ya que puedes venderlas.

Como sabes, hay muchas fotos publicadas en Instagram a diario. Cualquier persona que tenga un teléfono inteligente puedes tomar fotos de lo que quiera y publicarla. Esto significa que si vas a promocionar y vender fotos en Instagram, deben ser especiales. Debes espera una competencia muy dura. Lo que sea que pongas allí, asegúrate de que sea lo mejor.

No importa si eres un fotógrafo profesional o no. Lo único que debes hacer es ofrecer imágenes exquisitas y únicas. Hay muchas formas de lograr esto. Por ejemplo, si te encanta viajar a destinos de renombre mundial, puedes tomar fotos distintivas y exhibirlas en tu página de Instagram. Esto puede incluir imágenes de una especie de vida silvestre que no se encuentran en tu continente.

Elige un nicho como viajar. Toma fotos que interesen a tu audiencia. Las imágenes son universales. Esto significa que tienes mucho con qué trabajar en varias industrias.

¿Cómo llegar a los clientes?

Instagram hace que sea fácil llegar a los clientes. Puedes crear una cartera de imágenes en tu página para mostrar tu destreza fotográfica. Asegúrate de cargar imágenes de alta calidad.

Cuando hayas creado una excelente cartera, puede enviar mensajes directamente a tus clientes potenciales. Además, puedes dirigir cualquier consulta a tu página de Instagram. Esto podría ser tráfico de tu sitio web o blog si tienes uno.

Para llevarlo a un nivel superior, convierte tu cuenta de Instagram en una cuenta comercial. Esto te permitirá agregar tus datos de contacto a tu cuenta. Las personas no tienen todo el tiempo para encontrar lo que quieren. Haz que sea fácil contactarte.

Si decides vender tus imágenes en forma de impresión en tiendas en línea, Instagram puede ser útil para promocionar tus imágenes.

Para dar más exposición a tu trabajo, puedes inscribirte en algunos de los mercados más populares. Estos incluyen Foap, Snapwire y Twenty20. Procede a promocionar tu contenido desde estos mercados en Instagram.

4. Promocione sus servicios, productos o negocios

Otra forma efectiva de ganar dinero en tu cuenta de Instagram es promocionar tus productos, servicios o negocios.

Si eres dueño de un negocio, entonces tienes una idea clara del tipo de audiencia a la que te gustaría vender. El desafío radica en cómo alcanzarlos. Tus ventas anteriores pueden ayudarte a identificar a los clientes a los que debes dirigirte en tus esfuerzos de promoción en Instagram.

Tu biografía debe estar "en su punto" cuando se trate de describir de qué se trata su negocio. Sigue esto con muchas fotos pintorescas de tus productos.

Una de las formas más poderosas de comercializar tus bienes es publicar fotos de tus clientes con tus productos. Esto debe hacerse con su consentimiento. Es probable que tus prospectos tengan una buena imagen de tus productos cuando vean clientes felices posando con ellos. Por ejemplo, ver a un cliente disfrutar de un trozo de pollo en un KFC puede atraer su apetito. La próxima vez que quiera disfrutar un poco de pollo, sin duda tendrá KFC en mente.

El mismo caso se aplica a tus productos. Si vendes camisetas personalizadas, Haz que un cliente feliz y dispuesto comparta una foto con una de tus piezas. Este es el tipo de anuncio publicitario ideal para tus clientes potenciales, así como para impulsar tus ventas.

Cuando se trata de servicios, las infografías hacen maravillas. Crea infografías claras y atractivas que promocionen tus servicios. Esta es una excelente manera de notificar a tu audiencia sobre las mejores ofertas y descuentos. Presenta la infografía en Instagram, ya sea en forma de historias o de publicaciones individuales.

La libertad de creatividad que ofrece Instagram podría ser fundamental para impulsar tus ventas. Te permite representar tu marca de manera única.

5. Vende espacios publicitarios en tu página de Instagram

Cuando puedas presumir por tener seguidores importantes en Instagram, habrá varias marcas interesadas en anunciarse en tu página. Especializarse en un nicho particular te convierte en una autoridad en el campo elegido.

Por ejemplo, si tú eres una autoridad en acondicionamiento físico con un número considerable de seguidores, puedes vender espacios publicitarios a empresas que venden productos de acondicionamiento físico. Dichos productos pueden incluir suplementos, ropa, equipo, etc.

Atraer clientes que estarían interesados en anunciarse en tu página de Instagram no es fácil. Tu página debe estar cargada con contenido importante y que sirva para aclarar las dudas. Las marcas que quieren trabajar contigo deben ver que tu presencia en Instagram es muy valiosa.

6. Conviértete en un embajador de la marca

Convertirse en embajador de la marca no es la forma más fácil de ganar dinero en Instagram. Pero si lo haces bien, podrías ser una empresa muy lucrativa. Antes de profundizar en ello, aprendamos más sobre los embajadores de la marca.

Entonces, ¿quién es un embajador de la marca?

Un embajador de la marca es alguien que trabaja como representante de la marca en un mercado selecto. La responsabilidad de un embajador de la marca es promover el negocio. Un embajador de la marca podría ser un cliente que previamente recomendó a otros, los productos o servicios de una marca en particular.

Sin embargo, esa no es la única forma de convertirse en embajador de la marca. Si tienes un seguimiento masivo en Instagram, las compañías pueden designarte para que seas su representante de marca en Instagram. La compañía dirige a su embajador de la marca en aspectos importantes, como la forma de interactuar con los clientes.

Como embajador de la marca Instagram, es posible que debas trabajar con el departamento de mercadeo de la empresa. Una de tus responsabilidades puede ser respaldar el producto de la compañía a través de tu página de Instagram. Esto se puede hacer publicando fotos de los productos más vendidos de la compañía.

Cómo convertirse en embajador de la marca Instagram

Lo primero es crear una identidad de marca. Deberías tener una personalidad en Instagram. Además de eso, asegúrate de tener imágenes con un flujo coherente y consistente. Tu contenido no debe ser confuso. Debes predicar el mismo mensaje. Por esta razón, la mayoría de tu contenido debe corresponder con intereses particulares.

Una gran cantidad de contenido que gire en torno a un interés específico te otorgará autoridad como marca. Muestra que tus seguidores de Instagram te han elegido por tu contenido. Este es el tipo de reconocimiento que necesitas para alcanzar las alturas de un embajador de la marca.

Antes de presentar una marca en particular, asegúrate de que tu contenido se ajuste al negocio principal de la empresa. Además, infórmale a la marca qué te convierte en el mejor embajador de la marca para su negocio. La actividad en tu cuenta, así como el tamaño de tu audiencia, deben ser convincentes.

Cómo conseguir clientes

Después de satisfacer todos los requisitos que debe cumplir un embajador de marca, envía un discurso a tus clientes potenciales. Ponte en contacto con varias marcas en tu nicho. Tan pronto como uno acepte trabajar contigo, generarás ingresos a través de tu cuenta Instagram.

7. Vende tu cuenta de Instagram

¿Sientes que tu cuenta de Instagram ha alcanzado su punto máximo? Tal vez has creado una gran audiencia en un nicho particular y te gustaría buscar otra cosa. Es posible que hayas descubierto que la experiencia que has adquirido es suficiente para ayudarte a crear una mejor presencia en Instagram.

Si ese es el caso, debes ir más allá de tu cuenta actual de Instagram. Con todo el trabajo que pones detrás de la creación de tu cuenta, tus esfuerzos no deben ser en vano. Quizás puedas venderlo.

Ir a cuentas virales o intercambio de fama. Estos son sitios web que te ayudan a vender cuentas de redes sociales. Si el tuyo vale la pena, puedes cobrarlo por un buen precio.

Como puedes ver, puedes convertir tu cuenta de Instagram en una fuente de ingresos. Si cumples con los criterios descritos en este capítulo, ya deberías estar generando ingresos en Instagram. Recuerda que una vez que decidas ganar dinero en Instagram, la cuenta debe mantener un gran nivel de profesionalismo sin perder su toque dorado. Ten cuidado con lo que publicas para evitar poner en peligro tu página. ¡Buena suerte!

Capítulo 9: Cómo convertir a tus seguidores de Instagram en compradores

Instagram, como cualquier otra plataforma de redes sociales, se ha convertido en un modo de crecimiento empresarial. La mayoría de las personas de negocios lo usan como una forma de interactuar o publicar imágenes, pero hace más que eso. La misma cantidad de seguidores que tienes, puede ser convertida en compradores potenciales de tus productos. Es posible que necesites crear conciencia de tu producto, marca o servicios y convencer a tus seguidores de que deberían comprar lo que estás ofreciendo. Recientemente, Instagram recibió una buena calificación por mejorar las empresas y generar ganancias. Sin embargo, no es tan fácil como decir ABC, ya que requiere mucho trabajo, habilidades y consejos para que un comprador potencial esté de tu lado.

Antes de lograr que el comprador confíe o escuche lo que estás hablando, debes tener una buena estrategia comercial. Esto ayudará a tus seguidores a decidirse a comprar lo que estás vendiendo o no. Se necesita mucho esfuerzo, debes proporcionar toda la información sobre tu servicio o tu producto y darle al comprador una idea de cómo se verá afectado si no compra tu servicio o tu producto. La mayoría de las empresas y organizaciones han tomado a Instagram por sorpresa y están utilizando campañas y formas innovadoras de obtener un gran número de seguidores. Un seguimiento sin respaldar tu idea no tiene valor, pero ese puede ser el comienzo que necesitas. Puedes convertirlos en compradores potenciales utilizando estrategias creativas de mercadeo que despertarán su curiosidad por saber lo que estás ofreciendo.

Instagram puede ser la mejor vía para tu crecimiento, pero lograr que a tus seguidores les guste lo que estás vendiendo, para luego decidir comprar tus productos y servicios puede ser un desafío. Es posible que debas hacer más sacrificios que simplemente publicar tus productos y explicar a tus seguidores sobre tu marca. Sin embargo, puedes buscar la asistencia de administradores de redes sociales que puedan ayudarte a convertir los "Me gusta" de tus seguidores en una compra o monetizar tu producto en Instagram. Sin embargo, esto no te garantiza resultados instantáneos o comentarios positivos. Tendrás que hacer más que simplemente pensar de manera diferente para mantener una relación saludable con tus seguidores y generar confianza para un enfoque más suave.

Para hacer que tus seguidores se sientan más atraídos a comprar tus productos, puedes probar estos simples consejos:

Ser único

Todas las demás empresas o negocios quieren convertir a sus seguidores en compradores y emplearán las mismas estrategias para llevarlos a su lado. Por mucho que esto funcione, debes ser diferente. Tus compradores potenciales necesitan sentir la necesidad de probar tu marca, ya que tienes algo que las otras marcas no ofrecen. Estarán interesados en comprar tus productos para experimentar la diferencia.

Aquí, debes utilizar ideas de negocios creativas e innovadoras para atraer la atención de tus compradores. Por ejemplo, utilizar siempre el mismo contenido para tu marca o producto puede volverse aburrido ya que no contiene nada diferente. Las personas tienden a conmoverse por lo que ven. Si ven una cosa o una idea de lunes a lunes, definitivamente perderán interés en asociarse con ella. Eso es lo mismo con la promoción de tus productos. Es posible que debas invertir en diferentes ideas para hacerlo más atractivo. Las personas se sentirán atraídas por cosas nuevas, sentirán la necesidad de esperar, ver qué hay debajo del producto y experimentar con él.

Puedes invertir en artistas para que creen contenido innovador y provechoso para tus clientes, todo el tiempo, logrando que tu marca sea única y valiosa. Presentar tu producto o servicio de una manera diferente ayuda al seguidor a sentir que tú tomas las cosas en serio con respecto al producto que estás vendiendo. Puedes decidir usar videos, series o actualizaciones de historias que describan lo que estás vendiendo y eso hará que tus seguidores anhelen más actualizaciones diarias. Eso puede hacer que sus mentes compren.

Recompensas y Promociones

¿A quién no le encantaría comprar productos a precios más bajos y asequibles? Este es un consejo fácil para convertir a tus SEGUIDORES de compradores potenciales a compradores. La gente normalmente se sentirá atraída por las recompensas. Se sentirán motivados por obtener el valor de su dinero comprando tus productos y servicios. Necesitan sentir que te importan y pueden beneficiarse comprando tu producto.

Puedes promocionar tus productos dando un código de descuento para que lo usen tus seguidores dentro de un tiempo específico y hacerle publicidad como una oferta exclusiva de Instagram. Esto es muy importante ya que la mayoría de tus seguidores se aglomerarán en tu página para hacer uso de las ofertas comprando tus productos. Puedes considerar el uso de ofertas atractivas como "compre uno y llévese otro gratis", "compre todos los productos por la mitad de su precio", etc. Dentro del período de tiempo dado, notarás compras masivas ya que las personas no quieren quedarse fuera. Puedes usar este consejo de vez en cuando para que tus seguidores visiten tu página para obtener ofertas y negocios más jugosos.

Mejora tu servicio al cliente

El crecimiento en los negocios significa que hay un cliente feliz en alguna parte. Debes asegurarse de que tu comprador esté contento y satisfecho con tus servicios para hacer que ellos regresan. Un buen trato hará que tu comprador sienta que él te importa y que tus productos o marca tienen el valor de su dinero. Puedes usar una estrategia para proporcionarles una garantía.

Tus seguidores y tus compradores siempre se sentirán atraídos por un buen negocio. Necesitan sentir que tus productos cumplirán con sus estándares y que son seguros en caso de que enfrenten desafíos técnicos o mecánicos en el camino. Ofrecer una garantía más extensa garantizará la protección de tus compradores, y eso es lo que ellos necesitan. Desarrollarán confianza, y eso es algo bueno para tu negocio. Compararán la garantía de otras compañías y negocios y no dudarán en probar la tuya.

Hay casos en los que puedes prometer a tus compradores una garantía de devolución de dinero en caso de que el producto no alcance sus expectativas, estándares de calidad o no sea lo que querían. Aquí, tu comprador potencial puede experimentar tu buen servicio al cliente y realizar la compra sin preocuparse por la seguridad, ya que tienen garantizados productos de la mejor calidad, que funcionarán correctamente y, si no, pueden recuperar su dinero o recibir otro.

Mantente activo de forma regular

Esta es una elección importante. Tus seguidores necesitan sentir tu presencia en tus plataformas de redes sociales para determinar tu seriedad. Estar activo te ayudará a resolver los problemas de tus seguidores con respecto a tus productos o marca. Pueden tener preguntas sobre promociones y descuentos o sobre cómo obtener, dónde obtenerlos o requerir más información sobre cómo funcionan tus productos.

En la mayoría de los casos, tus seguidores de Instagram también pueden seguirte en otras plataformas. Responderle a sus comentarios de una manera amigable y clara puede aumentar sus posibilidades de querer comprar tu marca. Tener una atención al cliente confiable mejorará tu calificación en las redes sociales, ya que tus compradores potenciales se sentirán más atraídos a realizar transacciones contigo o tu empresa.

Amplía tus territorios en canales de comercialización

Este consejo tendrá un efecto positivo en tu percepción. Tendrás más canales para vender tu marca o producto. Podrás llegar a un gran número de personas y aumentar tus seguidores. Cuantos más seguidores tengas, más conocido será tu producto.

Una vez que hayas establecido un número masivo de seguidores, puedes trabajar para convertirlos en compradores, proporcionándoles toda la información sobre los beneficios que obtendrán, una vez que consideren comprar tus productos. Asegúrate de publicar contenido de alta calidad para no solo aumentar tu número de seguidores y "Me gusta", sino también para atraer a tus compradores potenciales para que compren tu producto. Publicar contenido mediocre siempre afectará tu marca y eso puede conducir a una disminución del número de seguidores o del crecimiento potencial del negocio. Debes asegurarte de no ignorar o confiar en una plataforma. Cuantas más plataformas, más oportunidades tendrás para tus futuros emprendimientos.

Apúntale a tu audiencia

Cuando intentes convertir a sus seguidores en compradores, asegúrate de saber quiénes son tus audiencias. Debes establecer un vínculo entre tus seguidores y comprender el impacto que tu marca tendrá en ellos. Debes utilizar la plataforma adecuada para dirigirte a cada tipo diferente de personas. En Instagram, notarás que tus usuarios son jóvenes.

En la mayoría de los casos, los empresarios y las empresas cometen errores al concentrarse en los productos o vender sus marcas sin dar a su audiencia parte del contenido. Utilizan la plataforma para describir el lado positivo de sus bienes y servicios sin describir los efectos que tendría sobre el usuario. Debes asegurarte de convencer a tu audiencia de que lo que estás vendiendo es lo que ellos necesitan y están buscando. Dar una imagen clara del valor que agregarías a la vida de los clientes o como podrías salvarlos en una situación determinada puede ser una gran ventaja.

Sé diferente, apunta a las necesidades de tus seguidores, como también al tipo de personas a las que necesitas que llegue la información. Por ejemplo, si necesitas gente joven, puedes publicarla en Facebook e Instagram y las personas mayores se encuentran fácilmente en Twitter. El uso adecuado de tu plataforma puede aumentar tus seguidores y aumentar el interés de tus compradores potenciales a los productos que satisfacen sus necesidades.

Continúa comercializando tu marca

Es bastante lamentable, pero tendemos a pensar que una vez que tus seguidores se convierten en compradores y adquieren tus productos, es el final del juego. Ese no es el caso. Como les presentarás nuevos productos, debes proporcionarles información y contenido que los insite a comprar de nuevo.

Debes continuar interactuando y comprometiendo a tus clientes ofreciéndoles recompensas y promociones de vez en cuando para crear una relación sólida. Si lo haces una sola vez, no te preocupas por verificar o garantizar que las noticias que enviaste llegaron a tus seguidores, no debería sorprenderte si no tienes ni siquiera un solo comprador. Esta debería ser una postura constante. Esto aumentará la tasa de visitas de tus seguidores cada vez que publiques algo sobre tus productos o marca.

Proporcionar información clara y en su punto

Siempre asegúrate de crear suficiente conciencia sobre tu marca o producto mientras vas "directo al grano". No tienes que exagerar tus ventajas competitivas

Mantén una mejor relación con tus seguidores y dales contenido de alta calidad; información que los ayude a tomar una decisión al elegir comprar tu producto. No deben ser mensajes largos, sino cortos y claros con mucho peso.

Puedes proporcionar su información de contacto, donde pueden conectarse más allá de Instagram, llevarlos a la página de destino correcta para una navegación sencilla. Ya sea que estén en línea o no, pueden ser capaces de comprar tu marca.

Ser original

La mayoría de las personas tienden a confiar más cuando tienen una idea de quién eres. Puedes darles un poco de información de fondo sobre ti, tu familia y demostrarles que eres en una persona real. Copiar a otras personas puede hacer que algunos seguidores dejen de seguirte, ya que pueden estar buscando algo diferente a los demás. Ser tú mismo puede ayudar a atraer compradores potenciales, ya que esto será más atractivo. La mayoría de las personas se sienten seguras haciendo negocios o invirtiendo en personas en quienes pueden confiar, sentir afinidad y conocer. Es evidente que a las personas siempre les resulta fácil asociarse con personas reales que son diferentes y no normales o iguales a los demás. Apunta a ser único en la forma en que comercializas tu marca, ya que los compradores llegarán a ti.

Háblales

Puedes tener una gran cantidad de seguidores, pero puedes comunicarte fácilmente con ellos comentando sus publicaciones o compartiendo enlaces sobre tu marca o producto. Puedes hablar con ellos a nivel personal interactuando con ellos. Puedes pedirles que compartan tus enlaces o tu historia con sus amigos. Eso te ayudará a conseguir más seguidores y convertirlos en compradores. Puedes crear videos de tu marca y publicarlos en tu página. Eso puede mejorar fácilmente el conocimiento y aumentar el número de visitas a tu página. Puedes publicar imágenes de tu marca en tus plataformas sociales e interactuar con ellos en los comentarios y responder a sus preguntas. También puedes comunicarte de uno en uno en caso de que hayan entregado sus datos para ser contactados. Convertirás a tus seguidores en compradores mediante una comunicación sencilla.

Es importante enfocarse y concentrarse en hacer crecer tu negocio o marca a través de las plataformas de redes sociales. Puedes usar consejos como hablar con tus seguidores o conocer a tu audiencia. Esto es una característica clave para lograrlo. Todavía puedes mantener a tus compradores siendo original y único, ya que los atraerás hacia ti. Una vez que tengas un comprador potencial, continúa comercializando tu marca y dale a tu público información precisa.

Capítulo 10: Consejos para configurar tu cuenta de Instagram

En este capítulo, aprenderá cómo puedes configurar tu cuenta de Instagram, elegir un nombre para tu perfil comercial, cómo ganar seguidores en Instagram y el tipo de contenido que debes publicar. ¡Sigue leyendo para descubrirlo!

Cómo configurar tu cuenta de Instagram

Desde su inicio en 2010, Instagram se ha convertido en un medio integral para el mercadeo. Un estudio reciente muestra que actualmente hay más de mil millones de usuarios de Instagram en el mundo, por lo que es la plataforma ideal para cualquier negocio que busque crecer y convertir a los clientes potenciales.

Instagram se usa en teléfonos, aunque también puede acceder a la versión web. Entonces, para usar Instagram, necesitarás un teléfono Android o iOS o tableta inteligente.

¿Cómo puedes registrarte en Instagram? Al instalar la aplicación, se te pedirá que te registres para obtener una nueva cuenta o que te registres con tu cuenta Facebook. Al registrarte para obtener una cuenta comercial, se recomienda que elijas un correo electrónico comercial relevante que coincida con todas tus cuentas de redes sociales. Esto garantizará la coherencia y facilitará que las personas encuentren tu perfil. Una dirección de correo electrónico le brinda la oportunidad a los clientes, que desean ponerse en contacto contigo, de enviar un correo al que tú puedes responder rápidamente.

Elegir un nombre de usuario

Al decidir el nombre de usuario para la cuenta de Instagram, es esencial mantenerlo uniforme en todas las plataformas de redes sociales. Esto crea consistencia en todas tus plataformas permitiendo a los usuarios reconocer tu marca con facilidad.

¿Y qué opinas de elegir una foto de perfil? Esto es lo primero que verá un visitante a tu perfil. La foto de perfil tiene mucha importancia. Debe ser clara, fresca y sin desorden. Si tu empresa u organización tiene un logotipo, mascota o acrónimo, puedes usarlos como imagen de perfil en un fondo limpio. Evita usar imágenes que no estén asociadas con tu negocio como imágenes de perfil. Esto será tan extraño para tu negocio como que empresas de automóviles tengan una foto de Leo Messi o Cristiano Ronaldo como foto de perfil.

¿Cómo se escribe una excelente biografía de Instagram?

Cuando redactes tu biografía de Instagram, es esencial verla como una forma de hacer publicidad y crear una marca. Esta es una de las primeras cosas que verán los usuarios de Instagram antes de desplazarse hacia abajo hacia tus publicaciones. Por lo tanto, debe ser cautivadora, así como también debe aportar algo a la narrativa de tu marca, decirles a tus visitantes un poco más sobre lo que haces, quién eres tú, la importancia que puedes tener para ellos y tus contactos.

Instagram también le permite vincular una URL en tu perfil comercial. Como empresa, debes elegir un enlace cuya página de destino sea crucial para tus estrategias de ventas.

Conectando Instagram a tus otras cuentas de redes sociales

Después de configurar tu cuenta de Instagram, ahora puedes vincularla a tus otras cuentas de redes sociales. Las plataformas de redes sociales más populares a las que puedes conectar su cuenta de Instagram son Facebook, Twitter y LinkedIn. Vincular estas cuentas facilitará el intercambio de imágenes y garantizará la uniformidad.

Después de configurar todos los conceptos básicos sobre tu cuenta de Instagram, es hora de que aprendas cómo puedes conducir el tráfico desde tu fuente de noticias hasta tu sitio web.

Cómo ganar más seguidores en Instagram

Tu cuenta de Instagram puede ser muy inútil si no tienes seguidores. Los seguidores son personas que pueden ver tus publicaciones directamente en sus feeds. Por lo tanto, es vital que ganes seguidores antes de continuar. Para los principiantes, puede ser muy difícil obtener nuevos seguidores. Sin embargo, eso no debería preocuparte porque explicaré algunos de los métodos para aumentar tu seguimiento de Instagram. Sigue leyendo para averiguarlo.

1. Usa Hashtags

Los hashtags son una característica popular en Instagram. Incluso puedes seguir el hashtag que más te interese. Son una vía fácil para que tu contenido sea notado por otros usuarios de Instagram que no necesariamente sigues. Por ejemplo, si eres un artista, agregar hashtags sobre el tipo de instrumentos musicales utilizados en tu imagen expande tu grupo de influencia hacia otros usuarios que están interesados en el mismo y no te siguen.

Los hashtags se pueden dividir en tres categorías: veamos cada uno de ellos.

Hashtags de marca y campaña

Estos hashtags se pueden usar para promocionar marcas y otras campañas. Los hashtags de marca pueden ser el nombre de una empresa o un eslogan famoso. Siempre debe ser relevante para tu publicación porque puede perder significado y quedar inutilizado. Las marcas influyentes han utilizado sus famosos lemas para ayudar a aumentar el conocimiento sobre la marca y, al mismo tiempo, permitir a los usuarios de Instagram adoptar el eslogan en sus fotos y videos.

Los hashtags de la campaña, por otro lado, son casi similares a los hashtags de la marca, pero están más relacionados con un tema en particular de esa marca. Cuando un jugador de fútbol ha sido abusado racialmente, por ejemplo, se puede usar un hashtag de campaña como #DileNoAlRacismo.

Hashtags de tendencia

Estas pueden ser una excelente herramienta para comercializar tu negocio. Solo pueden ser relevantes durante unas pocas horas, días o semanas, pero el tráfico y los seguidores que puedes obtener de él pueden permanecer durante mucho tiempo. Ejemplos de hashtag de tendencias pueden ser #Throwback, #MotivationMonday, entre otros. Sin embargo, para que sean relevantes, deben ajustarse a tu nicho. Si tu nicho es sobre azulejos y decoración, puede usar un hashtag como #DisenodeInteriores.

Hashtags de contenido

Estas son etiquetas que brindan más información sobre el contenido que estás compartiendo. Pueden generar más conversiones al dirigir personas que no te siguen a tus publicaciones.

Entonces, ¿cómo puedes ganar seguidores usando hashtags? Esta es la manera, primero, puedes comenzar siguiendo a los usuarios con los que tienes intereses comunes. Es más probable que te sigan.

También puedes capitalizar los hashtags de tendencia. Estas etiquetas, en la mayoría de las ocasiones, son vistas por un gran número de usuarios, publica tu foto usando el hashtag y es más probable que ganes nuevos seguidores.

2. Conéctalo a otras cuentas de redes sociales

Conectar tu cuenta de Instagram a otras plataformas como Facebook puede ayudarte a aumentar tus seguidores, ya que el 24% de tus amigos en Facebook también son usuarios de Instagram. Esto ayudará a tus amigos a descubrirte como usuario de Instagram y a seguirte de inmediato. Como discutimos anteriormente, esto es algo que debes hacer al configurar tu perfil. Si alguno de tus amigos de Facebook se une a Instagram, recibirás un alerta y podrás seguirlo también.

3. Únete a los grupos de interacción de Instagram

Esta técnica es ideal para principiantes. Los novatos en Instagram han visto aumentar enormemente su número de seguidores al unirse a grupos de compromiso. Si bien puede ser atractivo unirse a grandes grupos de interacción de Instagram, el hecho es que obtendrás una lista más específica de seguidores si te apegas a lo que haces. Existen numerosos grupos de compromiso del mundo de la moda, viajes, belleza y deportes. De estos grupos, puedes obtener seguidores y "Me gusta" de usuarios que tienen intereses similares. Si te siguen, debes devolver el favor siguiéndolos. Esta estrategia puede ganar hasta 2000 seguidores en un corto período de tiempo. Aunque no te ayudará a realizar ventas inmediatas, te permitirá ganar credibilidad, por lo que tu cuenta comercial no va a mostrar que tienes muy pocos seguidores. Es más una estrategia a corto plazo para tus primeros días o semanas en Instagram.

4. Vuelva a publicar el contenido de otro usuario.

Esto te ayudará a ganar más seguidores de tal manera que tu perfil sea visto por muchas más personas. El truco aquí es que solo debes volver a colocar en la red, publicaciones atractivas que se relacionen con tu nicho. ¿Cómo sabes qué volver a publicar? Usa hashtags. Explora la lista de hashtags y encuentra publicaciones de alto rendimiento que tu competidor no haya publicado. Elije el que sientas que puede tener un alto compromiso y vuelve a publicarlo.

5. Obtén promoción en Buzzfeed

Para ganar más seguidores en Instagram, tendrás que encontrar una manera de aprovechar una audiencia masiva; nadie puede colocar publicaciones de contenido en Instagram como lo hace Buzzfeed. Si Buzzfeed no es adecuado para tu nicho, puedes usar otras herramientas como HARO, donde puedes obtener solicitudes de conexión de usuarios interesados en el mismo nicho que el tuyo.

6. Solicítale a tus clientes que compartan tus fotos.

Si todavía eres nuevo en Instagram, ganar nuevos seguidores puede ser más cómodo con las publicaciones de los clientes en tu feed. Esto ayudará a aumentar tu valor social. Comunícate con tus clientes y ofréceles obsequios por tomar fotografías de calidad con tu producto. Cuantas más fotos de clientes aparezcan en tu perfil, más personas estarán interesadas en tu producto. Ellos comenzarán naturalmente a etiquetar tu cuenta en las publicaciones una vez que las compren. Si lo deseas, comenta, vuelve a publicarlo y síguelos, es más probable que te sigan.

7. Sigue a las personas o dale "Me gusta" a sus fotos

Este es uno de los trucos más básicos para ganar seguidores. Es una forma de llamar la atención de las personas al prestarles servicios: "Me gusta" a sus fotos o seguirlas. Según un estudio, por cada 100 imágenes que "te gustan", generas 25 "Me gusta" en tus fotografías y te ganas seis nuevos seguidores. No hay ningún daño en seguir a usuarios aleatorios de Instagram y confiar en que te sigan. Seguir a otras personas estimula la curiosidad que los lleva a tu perfil. Si tu perfil los impresiona, hay muchas posibilidades de que te sigan. No te preocupes por seguir a demasiados personas antes de obtener un número significativo de seguidores. Siempre puedes ordenarlos usando aplicaciones como Instafollow para averiguar quién dejó de seguirte.

8. Tener un estilo consistente

La gente no te sigue basándose en el contenido que ya has publicado, sino por lo que es probable que publiques a continuación. Digamos que tu cuenta publica zapatos femeninos todos los días sin falta; los usuarios notarán que es más probable que vuelvas a publicar porque tu registro anterior muestra coherencia. Por lo tanto, te seguirán con la expectativa de que compartirás el mismo contenido.

Tener un tema consistente no se trata solo de crear una marca, sino de crear expectativas para tu cuenta. Si puedes entregar con esa consistencia, obtendrás más seguidores en Instagram a un ritmo más rápido.

9. Trabaja con personas influyentes

Esta es otra forma de aumentar tu número de seguidores de Instagram. Haz que un influencer te agradezca en tu perfil o toma el control de tu cuenta. Los influyentes tienen seguidores leales y es muy probable que les pida que sigan tu cuenta. También tienen una gran cantidad de seguidores. Sin embargo, debes tener cuidado de evitar personas influyentes que puedan enviar tráfico falso, esto se debe a que cuando tu cuenta recibe una avalancha repentina de seguidores falsos, corre el riesgo de ser prohibida.

Si estás buscando una táctica más efectiva, puedes pedirle a la persona influyente que se haga cargo de tu cuenta.

10. Está atento a lo que funciona.

Cuando te encuentres con una publicación viral, investiga de qué se trata. Notarás un patrón en la publicación. Por ejemplo, si la etiqueta está llena de zapatos o ropa con colores brillantes y contrastes agudos, intenta tener tu versión de tales publicaciones y v qué sucede. Debes tener en cuenta que, en este caso, a los usuarios de Instagram les encantan las fotos hermosas y atractivas. Las imágenes aleatorias de baja calidad de tu perro, comida o bebidas no se destacarán. Intenta ser extremadamente selectivo al elegir la foto que deseas subir.

11. Usa filtros populares

Esta no debería ser tu estrategia principal, pero deberías intentarla. Los filtros populares pueden ser identificados fácilmente por otros usuarios que les gustan y podrían hacer que te sigan. Se trata más de conectarte con alguien que tiene intereses similares.

Capítulo 11: Estudios de casos de éxito en Instagram

Hay varias marcas, empresas y personas que han usado Instagram para crecer y alcanzar su potencial. No es solo una historia; Instagram ha impulsado a las marcas a llegar a más clientes a nivel mundial. Además, ha creado negocios desde cero e incluso ha desarrollado los objetivos personales de las personas. Es decir, esto es real y funciona. Sin embargo, algunos pueden dudar y decir que lo han intentado, pero nunca funcionó. Tal vez hay algunas cosas que te perdiste, o te impacientaste ya que conseguir el interés de los demás lleva tiempo. Echa un vistazo a estas marcas, empresas y personas que tuvieron mucho éxito al usar Instagram.

Nike

La mayoría de los amantes del deporte en todo el mundo se han encontrado con la marca Nike más de una vez en diferentes medios. Uno de ellos es Instagram, ya que sin duda, millones de personas han aprendido sobre sus productos. La marca tiene más de 90 millones de seguidores y se encuentra entre las 20 marcas con más seguidores en Instagram. Si Nike hubiera optado por comercializar a través de anuncios de televisión y radio, lo más probable es que solo los clientes dentro de los Estados Unidos conocieran su producto. Esto se debe a que la compañía es una empresa estadounidense de fabricación de calzado con sede en Beaverton, Oregón, Estados Unidos.

La comunidad masiva en línea, especialmente en Instagram, ha permitido a la compañía manejar un promedio de aproximadamente 1,000,000 comentarios de clientes cada año. Nike utiliza un enfoque personalizado para interactuar más con el público así como también en el desarrollo de su coherencia en las redes sociales. Cada año, Nike experimenta un incremento diario de sus seguidores en línea, en un promedio que oscila entre veinte y sesenta seguidores en Instagram. La compañía ha optado por asignar un equipo que maneja clientes de redes sociales. Por lo tanto, Nike es una de las marcas en Instagram, que ganó su éxito con su presencia en las redes sociales.

Vans

Vans es otra marca con sede en Costa Mesa, California, Estados Unidos, con un número de seguidores de Instagram de más de 17 millones. Cuando visitas todas sus páginas de redes sociales, te das cuenta que Vans se enfoca principalmente en promocionar sus productos con Instagram. Esto no es ninguna excepción. La marca es conocida por hacer la estrategia clásica de dejar escurrir sus publicaciones (slip on) con productos fotográficos solitarios o de acción. Las fuentes de noticias han sido vistas, comentadas y gustadas por una vasta comunidad de Instagram que también son sus clientes potenciales. Es decir, Van usa Instagram y otras plataformas de redes sociales para exhibir y comercializar sus productos.

En algunos casos, Vans utiliza los feeds de Instagram más atractivos, algunos más raros y divertidos, pero con el objetivo principal de promocionar sus productos. Más aún, la compañía tiene bastante éxito en Instagram, ya que ha atraído el interés mundial en sus productos a pesar de estar localizada en América del Norte. Además, Van inicialmente hizo un llamamiento a los patinadores adolescentes, pero actualmente se enfoca en mostrar su lealtad al patinaje adolescente de una manera más atractiva. En este caso, Van es otra marca con la que una gran comunidad de seguidores en Instagram se ha beneficiado con éxito a través del tiempo.

Lego

Todos han entrado en contacto con Lego, una empresa de juguetes establecida en 1932 y con sede en Billund, Dinamarca. Con alrededor de cinco millones de seguidores en Instagram, Lego usa los juguetes para entretener a los adultos con el producto plus para niños. Si no estás siguiendo esta marca, te estás perdiendo mucho, especialmente si eres una persona amante de la diversión. Por ejemplo, Lego publicó un video en Instagram, imitando la boda real en 2018 usando juguetes. El video obtuvo más de 100,000 visitas durante las primeras semanas. A través del hashtag #BodaReal, Lego promovió su marca, llegando a más personas que se unieron a la comunidad de Instagram de Lego.

Al hablar sobre el éxito de Instagram con esa compañía, Lego usa el video para mostrarle al público que no se trata solamente de los juguetes, sino de otras cosas más. Es decir, los productos que distribuyen pueden hacer más que simplemente algo para que los niños jueguen y se diviertan. Cuando acompañaron el video con el hashtag, atrajo a más personas al video ya que #BodaReal estaba en tendencia en todo el mundo en ese momento. Por lo tanto, Instagram se convirtió en una plataforma que promovió el éxito de Lego mientras construía la reputación del cliente y aumentaba la popularidad entre las personas de todo el mundo. Por lo tanto, los especialistas en mercadeo pueden hacerlo, así que busca información útil que, al utilizar hashtags de tendencia y elementos visuales relevantes, probablemente te hagan tener éxito en Instagram.

ESPN

A decir verdad, no a todos les gusta seguir una página con noticias constantes o deportes con una forma de presentar la información siempre similar e interminable una y otra vez. A muchos les gusta divertirse y, a veces, eliminar la seriedad que acompaña a una publicación determinada para que sea atractiva y para disfrutar el momento. Sin embargo, muchos canales de noticias de televisión y radio luchan con este problema mientras trabajan para atraer a la población en general a seguir y adquirir sus servicios. El canal típico de noticias o deportes puede lograr obtener entre 500 y aproximadamente 2,000 comentarios en sus feeds. A diferencia de la mayoría de estos canales, ESPN utiliza una presencia única en las redes sociales, lo que ha convertido al canal deportivo entre los más queridos y seguidos en Instagram.

ESPN utiliza las estrategias más atractivas, como solicitar cuestionarios en línea sobre equipos favoritos o contenido relacionado, lo que desencadena fácilmente las emociones de los amantes del deporte. Tales preguntas generalmente influyen en un individuo para responder o tomar una decisión sobre un aspecto en particular. En este caso, es probable que las personas se involucren más con los sujetos y, en adelante, les encantaría tener una interacción similar con mayor frecuencia. Por lo tanto, ESPN obtendría más seguidores mientras aumenta el compromiso de sus seguidores con el tiempo. En consecuencia, esto conduciría a un aumento de comentarios que puede ir desde 30,000 hasta más de 100,000 en cualquier feed realizado en Instagram. Esta técnica ha permitido que el canal se convierta en uno de los principales canales deportivos, y más aún, en las interacciones en las redes sociales.

Lorna Jane

A diferencia de la mayoría de las marcas que usan feeds en Instagram para comprometer, atraer y tener un número significativo de seguidores, Lorna Jane utiliza una forma única de tener éxito en el mercadeo social. Lorna Jane es una marca fundada en 1990 en Brisbane, Australia, que se ocupa principalmente de la fabricación y distribución de ropa deportiva femenina. La marca fue fundada y es propiedad de Lorna Jane Clarkson y Bill Clarkson. Hay varias formas en que la compañía comercializa sus productos y gana popularidad en Australia. Sin embargo, en Instagram, Lorna Jane utiliza una técnica de mercadeo completamente nueva. En lugar de publicar productos en sus feeds, la compañía utiliza una persona que muestra un estilo de vida activo como resultado de los productos proporcionados por Lorna Jane.

Con casi un millón de seguidores en Instagram, las fotos de Lorna Jane en sus feeds muestran cómo una mujer joven, activa, deportiva y jovial está viviendo una vida impactada por la marca. En la mayoría de los casos, las marcas prefieren cargar sus propios productos en Instagram con un marco excelente acompañado de costos u otros componentes relacionados. Sin embargo, Lorna Jane utiliza a una persona como fuerza impulsora para atraer y exhibir tanto ropa como accesorios con productos coloridos, inspiradores y atractivos. Esta estrategia, por lo tanto, permite a los seguidores, así como a otros clientes potenciales participar y tener una idea del estilo de vida retratado en la publicación. Como resultado, Lorna Jane se ha convertido en una de las marcas más exitosas en Instagram, especialmente en Australia.

Huda Kattan

Muchas personas están familiarizadas con Huda Kattan, quien es ampliamente conocida como maquilladora profesional en los Estados Unidos. Nacida en Oklahoma City, Oklahoma, Huda Kattan es reconocida en todas las plataformas de redes sociales, incluido Instagram. Comenzó como blogger escribiendo sobre su pasión por la belleza, transformó sus estrategias de marketing en Instagram, donde creó una página con su marca. Hoy, Huda Kattan tiene casi 40 millones de seguidores de Instagram que principalmente abrazan, buscan y admiran su trabajo y distribución en la industria de la belleza y la moda.

Cuando hablamos de cómo Instagram impacta el éxito de una persona, uno de los mejores ejemplos es el de Huda Kattan. Ella ha pasado de ser una bloguera, hablando de su pasión por hacer bellas a las mujeres, a crear una comunidad en línea con millones de personas detrás de ella que celebran sus acciones. Instagram tiene que ver con lo visual, la belleza y la moda. Por lo tanto, cuando deseas tener éxito, crecer y desarrollarte como persona, Instagram proporciona una amplia plataforma para mostrar tu trabajo. Eventualmente lo hace más interactivo mientras se hace cargo del interés de los demás, lo que te convierte en uno de los que obtiene el éxito en línea.

Cameron Dallas

Ser una personalidad de Internet nunca está lejos de Instagram y otras plataformas de redes sociales. Es decir, puede convertirte en uno de los individuos más exitosos a nivel mundial. Tomemos un ejemplo de Cameron Dallas, una personalidad estadounidense de internet nacida en 1994 en Whittier, California, Estados Unidos. Cameron comenzó en Vine y YouTube, haciendo videos y publicándolos. Con el tiempo, se unió a Instagram, creando una comunidad masiva de más de 21 millones de seguidores. Su presencia y trabajo llamó la atención de otras organizaciones prominentes, incluida Netflix, y fue contratado para presentar un programa, Chasing Cameron.

Cameron Dallas comenzó a crear videos cortos y canciones, así como a publicar en diferentes redes sociales y foros, que también incluían Instagram. Con el tiempo, su cuenta de Instagram comenzó a crecer y el número de seguidores aumentó continuamente. Del mismo modo, otras cuentas, incluidas Vine y YouTube, así como Facebook y Twitter, crearon una comunidad más importante de fanáticos.

Sus publicaciones en Instagram son carismáticas, atractivas y conmovedoras, por lo tanto, construyen la conexión que tiene con sus seguidores. De esta manera, Cameron Dallas demuestra que mostrar tu personalidad no solamente hace que obtengas popularidad, sino que también puede atraerte una fanaticada importante.

Selena Gómez

Sin duda, si has estado en Instagram, has escuchado o vislumbrado a Selena Gomez en una o más ocasiones. Selena

Gomez se convirtió en la persona más seguida en Instagram durante tres años consecutivos hasta que Cristiano Ronaldo la superó. Con un número actual de seguidores de más de 157 millones en Instagram, Selena Gomez es una celebridad influyente ampliamente reconocida, que usa su estado para promover causas benéficas. Por ejemplo, sus feeds de Instagram comprenden varias publicaciones, la mayoría de las cuales acompañan iniciativas contra acciones que van en contra de los derechos humanos, por ejemplo, el tráfico de personas.

Además, también publica sobre sus fotos personales, lo que le permite interactuar fácilmente con sus fanáticos, convirtiéndola en una de las personas más influyente en las redes sociales. En una ocasión, cuando se le preguntó acerca de su gran base de admiradores, Selena Gómez declaró que es vital permanecer en conexión con sus seguidores, especialmente cuando interactúa con ellos. También mencionó sobre la consistencia y la importancia de proveerles una imagen real de uno mismo en lugar de usar a otros para que actúen en su nombre. Como una de las 10 personas más seguidas en Instagram, Selena Gomez tiene bastante éxito en su carrera e interacción social en línea, más aún, en Instagram.

Cristiano Ronaldo

Como se mencionó, Cristiano Ronaldo es la persona más seguida en Instagram, con más de 183 millones de seguidores. La megaestrella del club de fútbol Juventus y cinco veces ganador del Balón de Oro figura en tercer lugar entre los Influencers de Instagram mejor pagados con $ 750,000 por feed patrocinado. Los seguidores de Cristiano Ronaldo en Instagram siempre se mantienen interactuando y comprometidos en varios de los temas que publica. Por ejemplo, el jugador del equipo de fútbol Juventus tiene una asociación con Nike, donde publica sobre los productos de la compañía. Del mismo modo, Cristiano publica sobre el mercadeo de su línea de ropa interior, sobre el producto, así como otros patrocinios.

Además de comercializar y mostrar su carrera, Cristiano Ronaldo es un apasionado de publicar sobre la vida personal mientras actualiza a sus seguidores sobre lo que pasa en su vida. Más aún, muestra sus publicaciones de familia, juego y entrenamiento, lo que sin duda mantiene a sus seguidores conectados y siempre hablando sobre él. Al igual que Selena Gomez, Cristiano Ronaldo a menudo publica y mantiene a sus fanáticos comprometidos a compartir lo que tienen sobre él. Por lo tanto, mantiene a sus seguidores frecuentemente interesados en sus publicaciones, por lo tanto, construye su base de seguidores diariamente. Se ha identificado como la persona con más éxito en Instagram, especialmente en publicar o compartir regularmente contenido agradable y de alto nivel.

Daily Dose

Con más de 1.6 millones de seguidores de Instagram, Daily Dose es una empresa de mercadeo digital que ofrece citas motivacionales diarias. Es la primera cuenta y la de mayor crecimiento, que presenta mensajes poderosos en forma de estímulos y construyendo bloques de actividades diarias de un individuo. Daily Dose canaliza principalmente estas publicaciones hacia las de la industria Fortune 500. Establecido por Tim Karsliyev, se estima que Daily Dose afectará a más de 200 millones de personas en todo el mundo. El fundador declaró que su objetivo principal es cambiar y marcar la diferencia para las personas que parecen haber perdido la esperanza o cuyas esperanzas han enfrentado desafíos.

En sus feeds, Daily Dose usa memes e imágenes, así como otros formatos visuales para crear citas esenciales de aliento para diferentes grupos. Para motivar que las personas participen en sus publicaciones, Daily Dose utiliza una técnica simple pero bastante efectiva que se relaciona fácilmente con los seguidores de Instagram. Las publicaciones generalmente se citan para compartir y los seguidores pueden relacionarse con sus vidas pero con intenciones positivas, especialmente para aquellos que se sienten deprimidos o abandonados. Más aún, puedes adoptar e implementar fácilmente estos mensajes en tu vida diaria sin consecuencias negativas. Daily Dose, como la mayoría de las cuentas exitosas de Instagram, ha mostrado esfuerzos significativos para construir una base sustancial de fanáticos a partir de contenido único en sus feeds.

Apartment Therapy

Con más de 2.2 millones de seguidores desde el lanzamiento de la cuenta, Apartment Therapy se ha convertido en otra marca exitosa que ofrece terapia en línea a través de la exhibición de residencias que ayudan a relajarse. Las fotos e imágenes que se encuentran en el feed de la cuenta de Instagram muestran algo único y muy creativo; por ejemplo, las dos últimas imágenes de los ambientes más amigables con características únicas. Si alguna vez ha entrado en contacto con estas imágenes, entonces estarás familiarizado con las acogedoras casas, que encontraron en sus feeds y sus alrededores, las cuales son muy silenciosas y verdes.

Cuando comenzó Apartment Therapy , muchos no estaban familiarizados con la forma como afectarían, con imágenes, la vida de los demás. Sin embargo, ahora mismo se puede ver lo mismo con una cuenta de seguidores cada vez mayor, lo que ha mejorado significativamente el éxito del negocio. Conocido como Apartment Therapy, los hogares publicados acompañan un excelente ambiente para un hogar muy cómodo, especialmente para los amantes del hogar con acceso limitado a estos lujosos apartamentos.

Conclusión

Instagram es un servicio de redes sociales creado para compartir fotos y videos. La publicidad de Instagram es una manera de invertir dinero, para compartir contenido patrocinado en Instagram y de esta manera llegar a un público más amplio y específico. Si bien hay varias razones por las cuales las empresas pueden decidir publicitarse, los anuncios de Instagram, a menudo, se utilizan para aumentar la imagen de la marca, generar nuevos clientes potenciales, aumentar el tráfico del sitio web y convertir los clientes potenciales en ventas reales.

Instagram es una plataforma visual, no necesita anuncios de texto. Por lo tanto, necesitas una imagen o un conjunto de imágenes, un video o un GIF para llegar a tu público objetivo a través de anuncios de Instagram. ¡La mejor parte es que la publicidad de Instagram funciona! Alrededor de marzo de 2017, las estadísticas mostraron que más de 120 millones de usuarios de Instagram visitaron un sitio web, llamaron, recibieron instrucciones, enviaron correos electrónicos o enviaron mensajes directos para preguntar sobre negocios basados en un anuncio de Instagram. Instagram dice que el 60% de los usuarios descubre nuevos productos y servicios en la plataforma y más del 75% de ellos llegan más lejos y toman medidas después de inspirarse con el anuncio.

Al igual que otras plataformas de redes sociales, invertir dinero en un anuncio conducirá a una mayor exposición para tu marca, así como a la oportunidad de controlar quién puede ver tu anuncio. Entonces, si no estás usando anuncios de Instagram, ¡sinceramente te lo estás perdiendo!

Finalmente, si encuentras este libro útil de alguna manera, ¡siempre se agradece una crítica honesta!